翁颖钧 石来德 著

数据挖掘建模及其在电力决策支持中的应用研究

Research on Modeling Based on Data Mining
and Its Application on Electric Power Decision

内 容 提 要

本书主要包含七部分内容，分别为引言、时序数据约简建模与应用、新型距离测度模型与电力价格突变预测、云特征挖掘模型与电价预测、容差粗集模型与客户信用度分析、电力企业决策支持应用平台实例及结论与展望。

本书适合相关专业高校师生、研究人员阅读使用。

图书在版编目(CIP)数据

数据挖掘建模及其在电力决策支持中的应用研究 / 翁颖钧，石来德著. —上海：同济大学出版社，2018.11

(同济博士论丛 / 伍江总主编)

ISBN 978-7-5608-8155-3

Ⅰ.①数… Ⅱ.①翁… ②石… Ⅲ.①数据采集-系统建模-应用-电力工业-工业企业-决策支持系统-研究 Ⅳ.①F407.61-39

中国版本图书馆 CIP 数据核字(2018)第 214178 号

数据挖掘建模及其在电力决策支持中的应用研究

翁颖钧　石来德　著

出 品 人　华春荣　　责任编辑　熊磊丽
责任校对　谢卫奋　　封面设计　陈益平

出版发行	同济大学出版社　www.tongjipress.com.cn (地址：上海市四平路1239号　邮编：200092　电话：021-65985622)
经　　销	全国各地新华书店
排版制作	南京展望文化发展有限公司
印　　刷	浙江广育爱多印务有限公司
开　　本	787 mm×1092 mm　1/16
印　　张	12.25
字　　数	245 000
版　　次	2018年11月第1版　2018年11月第1次印刷
书　　号	ISBN 978-7-5608-8155-3
定　　价	58.00元

本书若有印装质量问题，请向本社发行部调换　　版权所有　侵权必究

"同济博士论丛"编写领导小组

组　　长：杨贤金　钟志华

副 组 长：伍　江　江　波

成　　员：方守恩　蔡达峰　马锦明　姜富明　吴志强
　　　　　徐建平　吕培明　顾祥林　雷星晖

办公室成员：李　兰　华春荣　段存广　姚建中

"同济博士论丛"编辑委员会

总 主 编: 伍 江

副总主编: 雷星晖

编委会委员: (按姓氏笔画顺序排列)

丁晓强　万　钢　马卫民　马在田　马秋武　马建新
王　磊　王占山　王华忠　王国建　王洪伟　王雪峰
尤建新　甘礼华　左曙光　石来德　卢永毅　田　阳
白云霞　冯　俊　吕西林　朱合华　朱经浩　任　杰
任　浩　刘　春　刘玉擎　刘滨谊　闫　冰　关佶红
江景波　孙立军　孙继涛　严国泰　严海东　苏　强
李　杰　李　斌　李风亭　李光耀　李宏强　李国正
李国强　李前裕　李振宇　李爱平　李理光　李新贵
李德华　杨　敏　杨东援　杨守业　杨晓光　肖汝诚
吴广明　吴长福　吴庆生　吴志强　吴承照　何品晶
何敏娟　何清华　汪世龙　汪光焘　沈明荣　宋小冬
张　旭　张亚雷　张庆贺　陈　鸿　陈小鸿　陈义汉
陈飞翔　陈以一　陈世鸣　陈艾荣　陈伟忠　陈志华
邵嘉裕　苗夺谦　林建平　周　苏　周　琪　郑军华
郑时龄　赵　民　赵由才　荆志成　钟再敏　施　骞
施卫星　施建刚　施惠生　祝　建　姚　熹　姚连璧

袁万城　莫天伟　夏四清　顾　明　顾祥林　钱梦騄
徐　政　徐　鉴　徐立鸿　徐亚伟　凌建明　高乃云
郭忠印　唐子来　阎耀保　黄一如　黄宏伟　黄茂松
戚正武　彭正龙　葛耀君　董德存　蒋昌俊　韩传峰
童小华　曾国荪　楼梦麟　路秉杰　蔡永洁　蔡克峰
薛　雷　霍佳震

秘书组成员： 谢永生　赵泽毓　熊磊丽　胡晗欣　卢元姗　蒋卓文

总 序

在同济大学110周年华诞之际,喜闻"同济博士论丛"将正式出版发行,倍感欣慰。记得在100周年校庆时,我曾以《百年同济,大学对社会的承诺》为题作了演讲,如今看到付梓的"同济博士论丛",我想这就是大学对社会承诺的一种体现。这110部学术著作不仅包含了同济大学近10年100多位优秀博士研究生的学术科研成果,也展现了同济大学围绕国家战略开展学科建设、发展自我特色,向建设世界一流大学的目标迈出的坚实步伐。

坐落于东海之滨的同济大学,历经110年历史风云,承古续今、汇聚东西,秉持"与祖国同行、以科教济世"的理念,发扬自强不息、追求卓越的精神,在复兴中华的征程中同舟共济、砥砺前行,谱写了一幅幅辉煌壮美的篇章。创校至今,同济大学培养了数十万工作在祖国各条战线上的人才,包括人们常提到的贝时璋、李国豪、裘法祖、吴孟超等一批著名教授。正是这些专家学者培养了一代又一代的博士研究生,薪火相传,将同济大学的科学研究和学科建设一步步推向高峰。

大学有其社会责任,她的社会责任就是融入国家的创新体系之中,成为国家创新战略的实践者。党的十八大以来,以习近平同志为核心的党中央高度重视科技创新,对实施创新驱动发展战略作出一系列重大决策部署。党的十八届五中全会把创新发展作为五大发展理念之首,强调创新是引领发展的第一动力,要求充分发挥科技创新在全面创新中的引领作用。要把创新驱动发展作为国家的优先战略,以科技创新为核心带动全面创新,以体制机制改革激发创新活力,以高效率的创新体系支撑高水平的创新型国家建设。作为人才培养和科技创新的重要平台,大学是国家创新体系的重要组成部分。同济大学理当围绕国家战略目标的实现,作出更大的贡献。

大学的根本任务是培养人才,同济大学走出了一条特色鲜明的道路。无论是本科教育、研究生教育,还是这些年摸索总结出的导师制、人才培养特区,"卓越人才培养"的做法取得了很好的成绩。聚焦创新驱动转型发展战略,同济大学推进科研管理体系改革和重大科研基地平台建设。以贯穿人才培养全过程的一流创新创业教育助力创新驱动发展战略,实现创新创业教育的全覆盖,培养具有一流创新力、组织力和行动力的卓越人才。"同济博士论丛"的出版不仅是对同济大学人才培养成果的集中展示,更将进一步推动同济大学围绕国家战略开展学科建设、发展自我特色、明确大学定位、培养创新人才。

面对新形势、新任务、新挑战,我们必须增强忧患意识,扎根中国大地,朝着建设世界一流大学的目标,深化改革,勠力前行!

万　钢

2017 年 5 月

论丛前言

承古续今,汇聚东西,百年同济秉持"与祖国同行、以科教济世"的理念,注重人才培养、科学研究、社会服务、文化传承创新和国际合作交流,自强不息,追求卓越。特别是近20年来,同济大学坚持把论文写在祖国的大地上,各学科都培养了一大批博士优秀人才,发表了数以千计的学术研究论文。这些论文不但反映了同济大学培养人才能力和学术研究的水平,而且也促进了学科的发展和国家的建设。多年来,我一直希望能有机会将我们同济大学的优秀博士论文集中整理,分类出版,让更多的读者获得分享。值此同济大学110周年校庆之际,在学校的支持下,"同济博士论丛"得以顺利出版。

"同济博士论丛"的出版组织工作启动于2016年9月,计划在同济大学110周年校庆之际出版110部同济大学的优秀博士论文。我们在数千篇博士论文中,聚焦于2005—2016年十多年间的优秀博士学位论文430余篇,经各院系征询,导师和博士积极响应并同意,遴选出近170篇,涵盖了同济的大部分学科:土木工程、城乡规划学(含建筑、风景园林)、海洋科学、交通运输工程、车辆工程、环境科学与工程、数学、材料工程、测绘科学与工程、机械工程、计算机科学与技术、医学、工程管理、哲学等。作为"同济博士论丛"出版工程的开端,在校庆之际首批集中出版110余部,其余也将陆续出版。

博士学位论文是反映博士研究生培养质量的重要方面。同济大学一直将立德树人作为根本任务,把培养高素质人才摆在首位,认真探索全面提高博士研究生质量的有效途径和机制。因此,"同济博士论丛"的出版集中展示同济大学博士研究生培养与科研成果,体现对同济大学学术文化的传承。

"同济博士论丛"作为重要的科研文献资源,系统、全面、具体地反映了同济大学各学科专业前沿领域的科研成果和发展状况。它的出版是扩大传播同济科研成果和学术影响力的重要途径。博士论文的研究对象中不少是"国家自然科学基金"等科研基金资助的项目,具有明确的创新性和学术性,具有极高的学术价值,对我国的经济、文化、社会发展具有一定的理论和实践指导意义。

"同济博士论丛"的出版,将会调动同济广大科研人员的积极性,促进多学科学术交流、加速人才的发掘和人才的成长,有助于提高同济在国内外的竞争力,为实现同济大学扎根中国大地,建设世界一流大学的目标愿景做好基础性工作。

虽然同济已经发展成为一所特色鲜明、具有国际影响力的综合性、研究型大学,但与世界一流大学之间仍然存在着一定差距。"同济博士论丛"所反映的学术水平需要不断提高,同时在很短的时间内编辑出版110余部著作,必然存在一些不足之处,恳请广大学者,特别是有关专家提出批评,为提高同济人才培养质量和同济的学科建设提供宝贵意见。

最后感谢研究生院、出版社以及各院系的协作与支持。希望"同济博士论丛"能持续出版,并借助新媒体以电子书、知识库等多种方式呈现,以期成为展现同济学术成果、服务社会的一个可持续的出版品牌。为继续扎根中国大地,培育卓越英才,建设世界一流大学服务。

伍 江

2017年5月

目 录

总序

论丛前言

第1章 引言 …………………………………………………………… 1

  1.1 研究背景 ………………………………………………………… 1

    1.1.1 行业背景 …………………………………………………… 1

    1.1.2 学术背景 …………………………………………………… 2

    1.1.3 研究意义 …………………………………………………… 4

    1.1.4 选题背景 …………………………………………………… 7

  1.2 数据挖掘与软计算综述 ………………………………………… 9

    1.2.1 数据挖掘简介 ……………………………………………… 9

    1.2.2 软计算简介 ………………………………………………… 11

    1.2.3 软计算在数据挖掘中的应用 ……………………………… 14

    1.2.4 结论 ………………………………………………………… 19

  1.3 数据挖掘在电力行业中的研究现状 …………………………… 21

    1.3.1 数据挖掘在电力行业中的应用 …………………………… 21

    1.3.2 结论 ………………………………………………………… 25

1.4 本书结构与安排 ·· 26
   1.4.1 本书内容 ·· 26
   1.4.2 技术路线 ·· 28
   1.4.3 研究方法 ·· 29
1.5 本书主要创新 ·· 30

第2章 时序数据约简建模与应用 ·· 32
2.1 相关工作 ·· 33
2.2 多边形逼近约简 ·· 34
   2.2.1 数学模型 ·· 34
   2.2.2 理论证明 ·· 37
2.3 分段平均约简模型 ·· 39
   2.3.1 数学模型 ·· 39
   2.3.2 理论证明 ·· 40
2.4 实时约简算法 ·· 41
2.5 随机投影降维 ·· 45
   2.5.1 数学模型 ·· 45
   2.5.2 理论证明 ·· 49
2.6 模型验证试验 ·· 50
   2.6.1 发电厂运载参数实验 ·· 51
   2.6.2 实时分段平均算法实验 ·· 58
2.7 本章小结 ·· 59

第3章 新型距离测度模型与电力价格突变预测 ··············· 60
3.1 电力价格预测 ·· 61
   3.1.1 相关工作简述 ·· 61

3.1.2 电力价格预测方法论 ······ 62
3.2 电力价格突变 ······ 64
3.3 新型距离测度研究 ······ 66
 3.3.1 动态时间弯曲 ······ 67
 3.3.2 动态编程技术 ······ 71
3.4 快速动态时间弯曲 ······ 73
 3.4.1 边界定理 ······ 73
 3.4.2 分段平均动态时间弯曲 ······ 74
 3.4.3 验证试验 ······ 76
3.5 基于相似搜索的突变预测 ······ 81
 3.5.1 相似性搜索 ······ 82
 3.5.2 突变发生器验证试验 ······ 86
3.6 本章小结 ······ 87

第4章 云特征挖掘模型与电价预测 ······ 89

4.1 云模型基本概念 ······ 90
 4.1.1 云模型 ······ 90
 4.1.2 云的数字特征 ······ 91
 4.1.3 云发生器 ······ 92
4.2 云模型特征发现算法 ······ 95
 4.2.1 定义 ······ 95
 4.2.2 特征获取 ······ 97
4.3 带有突变分析的电价预测模型 ······ 103
4.4 云模型特征发现模型在电价突变中的应用 ······ 105
4.5 本章小结 ······ 110

第5章 容差粗集模型与客户信用度分析 112
5.1 粗集的基本知识 113
5.1.1 信息表 113
5.1.2 不可分辨关系 114
5.1.3 集合的下近似及上近似 115
5.1.4 约简与核 119
5.1.5 决策系统 121
5.2 容差粗集 124
5.3 遗传算法与参数选择 126
5.3.1 染色体表示 127
5.3.2 初始种群和适应函数选择 127
5.3.3 遗传操作 128
5.3.4 验证实验 129
5.4 容差粗集模型在电力用户信用度分析中应用 132
5.4.1 电力客户信用分析 132
5.4.2 基于容差粗集方法的客户信用分析 133
5.5 本章小结 138

第6章 电力企业决策支持应用平台实例 140
6.1 决策系统建设目标和要求 140
6.1.1 知识的存贮和提取 141
6.1.2 分析任务管理 142
6.1.3 新知识的反馈和存贮 142
6.2 PEDSS的基本架构 143
6.2.1 知识获取模块 143
6.2.2 反馈环 144

  6.2.3 数据/知识预处理模块 …… 144
  6.2.4 知识仓库存贮模块 …… 144
  6.2.5 知识分析工作台 …… 145
  6.2.6 通信管理 …… 146
 6.3 PEDSS 平台的技术设计 …… 147
  6.3.1 Web Services 介绍 …… 147
  6.3.2 使用 Web 服务的优势 …… 149
 6.4 系统框架设计 …… 152
  6.4.1 用户接口 …… 152
  6.4.2 知识分析工作台 …… 153
  6.4.3 网络通信 …… 155
 6.5 系统实现 …… 156
  6.5.1 软件配置 …… 156
  6.5.2 实例举例 …… 157
 6.6 本章小结 …… 161

第 7 章 结论与展望 …… 162
 7.1 本书的主要贡献 …… 162
 7.2 未来研究重点 …… 165

参考文献 …… 167

后记 …… 179

第 1 章 引 言

1.1 研究背景

1.1.1 行业背景

电力工业是支撑国民经济和社会发展的重要基础产业。作为电力工业核心部门的电力系统是由发电、输电、变电、配电及用电等多个环节构成的超大型控制系统,具有连续性和统一性的特点,要求安全、可靠和高效地运行,充分满足各行业生产及人民群众生活的需要。

电力行业是一个资金技术密集型的行业,我国的电力管理体制长期以来采取的是国有垂直垄断模式。改革开放以来,我国逐步放宽了对电力行业的管制,主要体现在改变过去国家"独家办电"的格局,推行多家办电,谁投资谁受益的投资体制,并允许外资、地方等多方参与电厂建设,逐步形成了全国性买方市场的宏观环境。随着我国电力买方市场的出现,垂直垄断电力体制企业所固有的机构臃肿、效率低下、电价居高不下和服务质量差等问题日益突出,极大地制约了电力行业的发展。

1999 年 4 月,国家经济贸易委员会发出《关于进行厂网分开、竞价上网试点有关问题的通知》,电力行业体制改革进入一个新阶段。2002 年 2 月

10日,国务院以国发(2002)第5号文下发了《电力体制改革方案》,标志我国电力工业将打破计划经济体制下原有的发、输、配一体化管理和完全垄断的管理模式和经营方式,开始走向电力市场化的逐步完善和发展道路。国家提出的电力行业改革方案,总的目标是要在传统的电力工业垄断体制中引入竞争机制,以提高电力工业效益,降低发供电成本和电价,促进国民经济发展。

随着电力市场化步伐的逐步加快,各级电力企业均面临着新体制和新机制的挑战,在改革过程中,电力企业将逐步成为具有一定竞争能力的独立市场主体和独立法人主体。企业的工作重点已由原来的单一安全生产转变为以经济效益为中心的全方位综合发展。为此,需要企业建立规范的现代企业制度,切实提高管理水平,加强信息反馈,提高决策的科学性和准确性,增强企业的综合竞争力。国家为了逐渐打破电力企业的垄断地位,引入竞争机制,首先进行了"厂网分离",为发电竞争模式提供了先决条件,此外,还配套进行了电网转运模式改革。这些措施将有效破除电力企业垄断壁垒,将企业推向市场,从市场竞争中获得企业的发展动力,进而促进企业不断提高服务质量,满足用户需求。企业为能在未来的市场竞争中胜出,必须更快地降低自己的生产经营成本,对本企业以及对手企业有更深入的了解,为客户提供更个性化的服务,这就要求电力企业能充分运用现代化的管理和调控手段,提升企业知识获取和转化能力,将知识转化为运营策略和决策的支持,进一步增强应对市场的能力。

1.1.2 学术背景

电力工业从"卖方市场"转变为"买方市场"给我国电力行业的发展带来了重大的影响,这种影响将是全局性、根本性、战略性的,其特点是:供需矛盾相对缓和;发电量、售电量低速增长;电网峰谷差加大,高峰需求旺盛,负荷率逐年下降,电网备用容量增大;发电设备年利用小时数逐年下降;欠费数额增长,电网运行困难,等等。在这样的情形下,作为独立市场主体的电力企业,其经营目标已转变为关注企业效益的最大化,工作的重心逐渐从发、输电向以市场营销开拓和电力需求侧管理为重心的转移。

　　信息技术的迅猛发展使越来越多的企业认识到,信息作为一种战略性资源,能决定一个企业在国内和全球竞争中的兴衰。在电力系统日常运营中会产生大量的基础数据,如何将这些操作型基础数据转变为决策型信息,从这些数据中挖掘出"宝藏",为企业发展提供有质量的辅助决策依据,已经成为当前各类电力企业的当务之急。例如,随着发电企业的不断兴建,电力供应由短缺趋向相对缓和,如何"扩供促销"成为摆在供电企业面前的一项重要任务;供电企业应该出台何种优惠政策鼓励用户用电;采取何种措施削峰填谷;如何针对不同客户类型开发用户市场等问题。

　　随着电力企业各类管理信息系统(电力 MIS、用电 MIS、调度 MIS 等)的普及应用,电力企业产生了以指数速度增长的巨量数据,展现在运营人员和决策者面前的已经不是局限于本单位、本部门和本行业的庞大数据库,而是多数据源和数据形式的浩瀚无垠的数据海洋。传统的管理信息系统只能对数据库中的数据进行诸如录入、查询、统计等操作性处理,通过这种处理所获得的信息仅仅是整个数据库所包含信息知识的一小部分,这类知识往往是表征的、局部的和历史的,缺乏对数据整体特征的描述及其发展趋势方面的知识,无法发现数据背后存在的潜在关系和规则,无法根据现有的数据信息预测未来可能的状态,从而导致"数据爆炸和知识贫乏并存"的现象,这就在客观上要求在电力行业逐步建立适应电力企业决策分析、管理控制的综合集成性支持机制,统一协调企业中的各种信息、知识资源,有效的管理和监控企业状态,因此,当前发展电力行业决策支持平台就成为必然的应用需求。

　　电力决策系统是将生产、运营和管理中产生的各种分散的、异构的数据,以及外部环境影响因素等数据资源进行组合、聚类、排序、抽取等加工操作，提炼升华为有价值的、支持决策的智能平台。这种平台处理的对象概括起来有数据来源多、数据种类混杂、数据质量参差不齐以及平台对数据属性特征敏感的特点，这些特征使得它迫切需要拥有能快速、准确度高的海量数据分析技术。

面向决策支持的数据挖掘（Data Mining，DM）技术，是数据库知识发现（Knowledge Discovery in Database，KDD）的核心技术，是人工智能与数据库技术结合的产物。它运用专门的算法模型，从数据库中提取出有效的信息和模式，并从中发掘潜在的规律，指导决策制定。国际上，以数据库、人工智能以及统计学等学科为基础的数据挖掘和知识发现已成为在商业、工业应用领域非常活跃的研究方向，并已得到一定范围内的应用成果。同时，随着相关技术的模块化和实用化，数据挖掘也逐步融入决策支持系统之中，以解决传统的决策支持系统所面临的知识获取"瓶颈"等一系列问题，成为决策系统的重要的组成构件。

本书将针对电力行业应用特点，探讨和研究数据挖掘建模技术在电力决策支持系统中的应用。

1.1.3 研究意义

1. 理论意义

研究基于数据挖掘建模在电力决策支持中的应用，其核心是为了促进企业内在知识能力的跃升，从而促使企业可持续的发展，达到企业战略目标。企业战略的成功取决于战略制定和战略运营能力。事实表明，知识已经并将继续成为企业在竞争环境中立于不败之地的重要资源和能力。在一个知识经济的社会中，单个企业的组织能力从根本上取决于企业的知识水平。知识是从经验或者学习中获得的意识、感觉或者熟悉程度。基本上，企业的知识程度与其战略能力息息相关，从企业运营角度看，至少会涉及以下行为：

（1）明晰客户。掌握哪些是客户认为有价值的知识，既包括了解客户的基本(最低)需求,也包括客户认为具有独特价值的潜在需求。

(2) 资源。知识的获取需要资源的支持,没有资源,就无法满足客户需求。比如,现代企业对信息系统基础设施的软硬件投资即为一项基本要求。一些知识的本身即为资源,如掌握某种特殊技能的知识工人、某行业领域专家等拥有的知识,企业所拥有的知识产权等。

(3) 业务流程。知识可以通过系统或在业务流程的实施过程中获取,而获取过程本身对企业而言也是一项很重要的能力。由于企业之外也存在很多重要的知识,因此将各企业间的知识整合起来的过程将有效提升企业本身知识和能力。资源可以随着时间而消失,但建立在知识基础上的能力会随着经验的积累而不断提高。

(4) 企业核心能力。知识带来企业的竞争优势,但是构成核心能力的知识必须是难于模仿的。例如,知识共享或整合的流程就可能带来企业竞争优势。对于新产品开发而言,只有将产品开发和市场知识结合起来,才能取得商业上的成功。根植于组织文化中的知识是竞争对手很难模仿的,就可能成为一项核心能力。

在竞争市场中获取优势的关键是按照竞争循环的不同阶段,从一个暂时的竞争优势转向下一个竞争优势的能力,而非消耗资源去维持某一特定的竞争优势。所以,在快速变化的环境中,知识培养和开发的速度就有特别重要的意义。

研究认为,企业以通过开发和利用自身资源和能力来获取竞争优势,特别是开发和利用那些竞争对手难以模仿的独特资源和核心能力。这表明,企业可持续的竞争优势可能是建立在那些融入企业实际运营过程中的活动和各项业务流程的组合之上的。从企业文化的角度来看,企业知识创造竞争优势。企业中的各种显性系统并不能充分反映全部的企业知识,那些融入企业各项业务流程中的隐性知识以及被认为"理所当然"的知识,才是竞争对手难以模仿的真正原因。因而,挖掘和共享这类知识对企业提升战略竞争力是有重大作用的。

2. 实践意义

21世纪初期,在管理者的意识中,知识创新与信息管理是最先被提及的可提高竞争力的可能途径和手段。在这个广义的背景下,人们的注意力集中在信息技术本身及其在多大程度上能转变为竞争力的问题上。从战略的角度来看,信息处理能力的提高表现在能多大程度上改善和帮助知识的创造及知识在企业内外共享。不是所有的知识都存在于企业系统中,企业所蕴含的隐性知识是难以掌握的,但这些知识恰是形成企业竞争优势的基础,这就为以数据挖掘为核心的企业决策支持系统进入企业管理平台提供了充足的实践动力。

当前企业内部大部分的业务活动都涉及信息处理及信息在企业内或企业间的传递,信息处理能力能通过:① 减少企业与其客户、供应链上下游企业进行交易的直接成本;② 提高服务质量;③ 改善业务流程以间接降低成本或提高服务质量,这三种途径提高企业的战略能力。

竞争力与业绩标准的确立并不仅仅局限在特定的行业或部门内。客户对于服务标准的期望,已成为所有行业及公共服务领域的通行基准。对于电力企业这类生产或分销实物产品的企业而言,信息技术革命的一个重要影响在于:在不久的未来,竞争优势可能会更多地源自服务的好坏,而不像原来那样来自产品自身的特点。此时,处理信息与累积市场知识的能力比以前更加重要。另一个影响在于:至少一段时间内,竞争优势可能掌握在能更加细致了解市场的企业手中——这种对市场的了解主要来自对各细分市场中不同客户需求的细微差别进行分析,并针对这些需要设计产品或服务的能力。现今大部分企业掌握着大量与此有关的数据,也具有对这些数据进行初步分析的信息技术处理能力,但它们在将数据转换成市场知识这一知识发现过程做得并不好,而数据挖掘技术可以通过找出数据中蕴含的趋势和联系,促进和改善竞争表现。

第1章 引言

随着电力工业本身的技术发展,将有越来越多的现代化设备投入生产运营过程中去。这些设备均有着完善的信息收集、传输、存储、查询和控制功能,使员工能够进行在线性能分析、判断并决策操作成为可能。随着"数字电力"建设的不断深入,大部分电力企业都建立了企业级局域或广域网,并实现了与Intranet的互联。这样,生产过程的实时运行数据就以数据库的形式存储在企业内部的数据服务器中,形成了覆盖全部生产过程的"数据海洋"。由于受技术水平和分析工具限制,国内现有信息处理装备尚不能很好地获得数据项之间的关联关系及其隐含的规则等知识,还不能为企业的重大决策、降低成本和优化运营提供科学的、有前瞻性的依据,因而需要引入如数据挖掘技术这类具有发现隐含知识能力的机制来研究处理生产实时数据库,揭示其中蕴藏的深层次信息,比如电网设备中能量转换、利用和损失规律,性能状态渐变和寿命损耗的规律等,将成为提高电力企业的竞争力,并获得良好的经济效益和社会效益的一条重要途径。

1.1.4 选题背景

1. 项目概述

国家电网公司在2006年4月提出,在全系统实施"SG186工程"(SG意为STATE GRID,国家电网公司英文简称)的规划。根据规划,"SG186工程"将实现四大目标:一是建成"纵向贯通、横向集成"的一体化企业级信息集成平台,实现公司上下信息畅通和数据共享;二是建成适应公司管理需求的八大业务应用,提高公司各项业务的管理能力;三是建立健全规范有效的六个信息化保障体系,推动信息化健康、快速、可持续发展;四是力争到"十一五"期末,公司的信息化水平达到国内领先、国际先进,初步建成数字化电网、信息化企业。

国电公司下属某省公司,作为"SG186工程"先期试点单位,其电力决策支持系统建设至今前后已经历 20 余年,完成了由单一业务流程处理到业务处理流程化、网络化和管理集约化、明化管理的过渡,应用电力管理信息、客服支持、电力负荷和电量综合管理、大客户信息管理、电力需求侧管理等系统模块,在规范电力运营业务、提高电力营销管理工作效率和工作质量的同时,也积累了大量极具价值的业务数据,为决策的制定奠定了基础。

该公司于 2003 年初启动电力决策支持系统高级应用专题的建设工作,充分利用新技术和新的分析手段,完成营销数据、信息的深加工处理,为管理和操控人员提供翔实、科学的辅助决策信息。目前,省公司层面的决策支持综合平台已测试运转近半年时间,实现了对营运历史数据的综合分析,可以及时准确地提供全省范围内电力系统运营数据,科学地预测电力市场的发展趋势,为领导决策和执行层面制定市场策略提供有益的依据和佐证。

2. 研究范围

本研究课题源于作者工作的咨询公司承接的国家电网公司信息化统一咨询项目子课题——战略能力提升与决策支持系统管理咨询项目,该项目由电力企业战略咨询和电力决策支持系统高级应用专题研究两部分组成。

本书针对该决策支持系统高级应用展开研究,重点研究和解决应用专题中电力市场环境下包含价格突变的电价预测、电力客户信用度评价规则两个应用专题。要求综合运用数据挖掘、人工智能、管理学以及电力系统理论与方法,构造基于数据挖掘建模的电力决策支持高级应用。

本书即以此为研究对象和目标,分别进行了深入的理论设计和实验验证,并得到了一些有益的结果,以期为电力决策支持行业应用提供一种可行的方向和思路。

第 1 章 引 言

1.2 数据挖掘与软计算综述

在信息时代,激烈的业务竞争和快速变化的市场环境促使企业管理人员寻求使用支持业务决策的信息分析工具,以提高战略决策、市场判断、客户服务等的竞争能力。在过去的三十多年中,企业信息技术的作用已经从有效的处理大量交易向为决策制定提供支持信息的角色转变。这种职能的改变在事实上表现为 20 世纪 70 年代大量的信息职能部门将其名字从"数据处理"改为"管理信息系统"[1]。然而,动态的、强耦合的、非确定性因素的存在,直接导致决策制定过程的复杂和困难,这就为决策支持系统出现提供了有效的需求推动力。随着企业网络计算、客户机/服务器架构和一系列重要的信息处理新概念的发展,向决策层提供辅助信息和决策支持中使用这些信息的技术手段已成为可能。

本节将对数据挖掘的概念,尤其是人工智能技术与数据挖掘相结合之处进行深入剖析和评述。

1.2.1 数据挖掘简介

数据挖掘是预测数据特征和揭示数据中的关系的多种学科交叉的研究领域。它使用含有先进算法的自动工具,从存贮于数据仓库或其他信息容器中的海量数据集中来发现隐藏模式、联系、特殊性和结构。数据挖掘任务一般分为两类:一类为描述性的,例如发现有趣的模式,描述这些数据;另一类是预测性的,根据历史和当前数据上进行推断,例如基于可利用数据预测模型的行为等。一般意义上,一个数据挖掘算法是以下三个元素的综合:

(1) 模型:模型的功能(如分类、聚类)和其表述的形式(如决策树、基于事例的推理、贝叶斯网络、线性差分方程、神经网络结构)等,一个模型还包含了数据集中待确定的参数。

(2) 评价标准:一个模型或一组参数的优选取决于给定数据,选择标准是针对数据的模型适应度函数,用以评价算法模型精确度、新颖性、实用性及可理解性,并由平滑项来避免产生过度拟合。对于预测类模型,则可以利用测试数据来验证其精确度。

(3) 搜索算法:在给定的数据范围内,确定模型和优先标准后,用以发现特定模式和参数的处理算法,它是模型/优化/搜索组合的实例。

当前数据挖掘功能以及它们可以发现的模式类型包括:

(1) 预测[2-5]:在实际应用中,人们通常希望对一些未知的数据值进行预测或趋势的判断,通常也被称为回归。这种预测输出限定于连续或有序值。

(2) 分类[6-10]:将数据项分类归属到事先定义的目录类,或者通过对已知分类的训练数据集进行学习,找出分类规则并且标记对象数据。另一功能是对无标号样本类进行操作,以确定样本的类标号。

(3) 聚类[11-18]:按照数据的相似性或差异性,将目标数据集划分为若干子集。与分类不同,其类别不是人为指定,而是分析数据的结果。将数据项映射到簇中的一个,其中簇是基于相似矩阵或概率密度模型的自然数据项组合。

(4) 关联分析[19-22]:在不同属性中描述出关联规则,这种规则反映了在给定的数据集中属性—值频繁出现的条件。

(5) 相关性分析[23-24]:在分类和预测之前进行,用以识别对于分类和预测无用的属性。

(6) 特征化与比较[25-28]:描述式数据挖掘以简洁概要的方式描述数据,并提供数据受关注的一般属性。特征化提供给定数据集的简介汇总,而概念或类的比较提供两个或多个数据集的比较描述。

(7) 规则提取[29-36]：从数据集中提取分类规则。

(8) 序列分析[37,38]：将序列模式模型化表示，如时间序列分析。分析的目标是为了对产生序列的过程状态模型化表示，或者提取、汇报在时间、空间上的偏离和发展趋势。

1.2.2 软计算简介

什么是软计算？软计算不同于我们通常所见的数学计算，也即对应于硬计算(Rigid Computing)而言的。它对于非精确的、不确定的、局部真实的和近似的对象有一定程度的灵活性。从实际效用上来看，软计算的行为榜样是人的思维。软计算的指导原则是：对非精确的、不确定的、局部真实的和近似的对象，发掘易处理的、开销小的和鲁棒的解。当前，软计算的主体与多个重要的智能方法相关，其中重要的理论基础包括：Zadeh 1965 年提出的模糊集；1973 年提出的对复杂系统建模和决策过程分析的方法；1979 年提出的可能性理论和软数据分析。此后，又有神经计算和进化计算等。因此，在方法论的交汇点上，软计算的基本组成包括模糊逻辑、遗传算法(Genetic algorithms，GA)、神经计算、机器学习和随机推理，而随机推理又包含了置信网络、混沌理论和部分的学习理论；粗集理论作为一种分析非确定性的数学工具也被列入其中。值得注意的是软计算并不是以上方法的大杂烩，而是不同方法学的相互合作，在各自所擅长的领域发挥作用，也就是说，软计算的组成要素之间是相互协作而不是竞争的关系。软计算的兴起和在数据挖掘中的应用的深入，使得它成为概念智能的基本组件之一。

1. 模糊逻辑

非精确的和定性知识的建模，以及不同阶段未确定信息的传递和处理，可以通过使用模糊集完成。模糊逻辑能够支持(在一定的合理程度内)人类自然语言形式推理。它是最早也是最为广泛被接受的一个软计算的组成部分。模糊逻辑的发展直接导致了软计算的出现。

数据挖掘主要是关注感兴趣模式的辨识,并将其用精确的、有意义的方式描述出来[2]。而模糊模型是一种基于谨慎的、面向用户的数据过滤,量化观察以及常识规则的校验,以建立有用的和有益的系统变量间的关系[39]。模糊集内在本质上倾向于处理语言领域知识,并产生更具解释性的解决方案。

模糊集技术在数据挖掘领域呈现出现在越来越无可争议的作用。大量的数据浏览器是基于模糊集理论方法工作[40]。在数据挖掘过程中往往必须具备同时处理不同类型变量的能力,如分类的符号数据和数字信息[41]。Nauck 开发了一种学习算法,可以产生既包括有分类的又包含数字特性的混合模糊规则[42]。Pedrycz 讨论了一些有建设性的,由模糊集驱动的知识发现计算工具,并建立起了数据挖掘和模糊模型之间关系[39]。

2. 遗传算法

遗传算法是 John Holland 于 20 世纪 70 年代初提出,最初想法是将自然进化的一些特征结合到优化算法中去,也就是说,GA 是一种仿照生物进化理论,有效解决非线性优化问题的搜索算法。

在数据挖掘应用中,遗传算法作为一种自适应的、鲁棒的、高效的和全局搜索的方法,适合于那些搜索空间巨大的情况。它通过优化一个适应函数(对应于数据挖掘中的优先标准),利用特定的遗传操作来获取优化的结果。知识发现系统已经开始利用遗传规划的概念[43-44],遗传规划是用来自动产生、评价和选择面向对象的序列。著名的是 MASSON 系统,它对一给定对象集合提取其中的潜在信息,核心作用在于寻找一组面向对象数据库中的对象的普遍特征[45]。GA 也可以同于其他条件目的操作,如在多媒体数据库中的多类型数据的融合,挖掘多媒体数据时自动规划的产生[46]。

3. 神经网络

神经网络起初是为大脑中基本处理单元以及单元间的信号流建立的数学模型。早期神经网络由于其内在的黑箱(black-box)特性而被认为不适合数据挖掘。人们不能从中获取以符号形式的,同时适合于人类解释和查询的可用信息。其后,伴随着能够处理海量数据集的高效算法的出现,神经网络计算开始变得越来越流行。近来,通过提取内含在训练网络中的以符号形式存在的规则知识,证明神经网络应用于数据挖掘领域是可行的[29]。它们可以帮助区分对于决策和分类具有关键影响的特性集合,包括独立属性和相关属性。与模糊集不同,基于神经网络的数据挖掘的主要领域在于规则提取和聚类。

在说明软计算的定义时,已经提到软计算体系本身是一个多学科融合互动的体系,各种方法在各自擅长的领域发挥作用。模糊神经计算就是一种广为报道的综合计算策略[47]。它包含了神经网络和模糊集方法各自的优点,使得人们可以设计出更具智能化的决策系统。它集成了人工神经网络如大规模并行性、鲁棒性以及在富数据环境下的学习功能。而有关非精确的,以自然语言形式表示的定性知识模型以及非确定性的信息流可以使用模糊逻辑来处理。

4. 粗集理论

粗集理论开始是作为一种处理知识颗粒性产生的未确定性数学工具,如一个集合中对象的不可分辨性,被证明在数据挖掘过程中有用的概念[48]。它提供了在数据中发现隐藏模式的数据工具,因此就数据挖掘而言,它的重要性是不能被忽视的。基于粗集的学习系统最基本的原则是在分类的问题中,在给定属性中发现其内部的冗余信息和相关性。利用下近似和上近似概念,近似表现对象。粗集学习算法可以从决策表中获取一组以 IF……THEN 的规则。它提供了一种从数据库当中提取知识的高效的手段。人们首先创建决策表形式的知识库,在表中对对象和属性进行分类。然后初始化知识发现过程,去除一些冗余属性。最后分析数据相关性,在精简数据库当中,寻找属性最小子集,即 Reduct 约简。现有的粗集理论应用大多集中在:

① 从属性值表中推断出决策规划,绝大多数是通过基于不可分辨性矩阵和约简实现的[32-35];

② 通过"模块"产生来实现数据过滤,主要是通过在基于等效关系中提取基本块,此时还往往结合遗传算法进行搜索,因此这种方法可以用于较大数据集的处理[49]。

除此以外,规则产生时有减少存储和计算性能需求,以及动态数据库工况也考虑使用粗集[35]。一些基于粗集的数据挖掘系统包括:① 基于多粗集模型的 KDD-R 系统[50];② 基于粗集理论的实例学习规则推导系统[51]。LERS 已经扩展成为利用邻近修补技术的能处理遗漏信息的系统[52]。

1.2.3 软计算在数据挖掘中的应用

1. 聚类

数据挖掘对大量数据进行过滤,向决策者揭示出隐含的以关系、模式或聚类形式存储的有用的信息[53]。模糊集通过数据以语言项形式支持聚焦性搜索,同时它们也支持定性/定量形式的数据中发现数据间的相互关系。在数据挖掘当中,人们往往关注于发现结构及其内在的数量函数关系,这保证了在数据库中可以不去搜索那些毫无意义模式,研究者开发出了这种目的模糊聚类算法[11]。Rusell 和 Lodwick 采用模糊聚类方法来挖掘电讯用户以及未来预期数据以获取住宅客户和商业客户市场份额[12]。Pedrycz 设计出的模糊聚类算法使用了文本信息并引入语言空间以更好的关注于数据挖掘的搜索过程[13]。

在海量数据集中,面对过多的特性和值可能导致组合式信息"爆炸",

所以获取聚类在数据挖掘中显得尤为重要。许多无监督数据挖掘方法用识别最受关注特性来获取特征类。Mazlack 提出一种反向方法，即通过分层和删除最不重要特性减少数据干扰项[54]。软性关注法用来处理非精确的数据，它通过逐步减少认识的不和谐成分，从而增加有用信息。它的目标是通过过滤非受关注特征来产生内聚性的和可理解的信息块。

聚类和自组织数据挖掘的一个重大挑战是从档案库中组织和提取对象文献。Kohonen 等人证明可以用一百多万节点的自组织映射(SOM)来区分由 500 维特征矢量所表示的近七百万专利摘要文献[16]。Vesanto 等人采用阶梯式策略根据聚类用 SOM 对数据进行分组[17]。Alahakoon 等人实现了基于与数据维度无关的扩散因子的 SOM 分层聚类[18]。Slialvi 和 Declaries 综合了 Kohonen 的自组织神经网络和数据可视化技术，来对包含病人的药物记录，人体位置以及心理异常等信息的病理数据进行聚类[14]。König 将 SOM 和 Sammon 的非线性映射结合起来，达到数据可视化表示时降维的目的[55]。Kien 和 Phuc 提出了一个粗糙—神经—遗传算法从大型数据库中发现概念性的聚类[15]。

2. 关联规则

数据挖掘研究中的另一个重要研究领域是关联规则发现[19]。关联规则反映了在不同特征中存在的有趣的关联关系。布尔关联包含了二进制特性，一个一般化关系包含了分层关联的特征，一个定量的关联规则包括计数和目录值的特征。因为人类知识表示存在大量的近似关系，模糊技术被认为是数据关联挖掘的关键技术之一[56]。

Wei 和 Chu 利用模糊分类结构来挖掘基本关联规则[20]。Au 和 Chan 利用在观察和预期特征频率之间的可调节偏差来发现关系数据库中的模糊关联规则[21]。他们利用语言项，而不是固定区间上的定量特性，表示发现的规则和特例。这种方法不需要用户提供相应的阈值，定量数据可以直接由规则推导出来。这种语言表示导致了自然的、可理解的规则发现。算法允许人们发现正、负规则,同时能处理模糊边界以及数据库中存在遗失项的问题。模糊技术的使用隐藏了数字量邻近区间之间的分界,它导致了实际生活实例中诸如物理测量不精确性等噪声的影响。算法通过 PBX 系统的交易数据库以及中国工业企业数据库中试验得到证明。

Lopes 等人对 IF C THEN P 类型的关联规则进行了提高和改变,大大提高准确度和覆盖度。他们定义了规则的准确度和覆盖度,前者作为规则可信程度的测度,后者则为满足规则的所有记录综合包含程度。同时,作者使用神经网络对规则进行了定量评价[22]。

3. 规则提取

一般而言,对一个联结主义规则提取算法的首要输入就是训练神经计算的表述,按照它的结点,联结一些数据集形式。一个或多个隐藏、输出单元用来自动获取规则,此后可以综合、简化成一个综合性的规则集。这些规则也能够为应用领域提供新的经验和洞察手段。神经网络的利用可以帮助数据域中集成平行算法和策略优化问题。

使用神经网络可以从模糊神经网络中提取更加贴近自然语言的规则[31]。模糊 MLP 和模糊 Kohonen 网络被用于语言规则产生以及推理[6,7]。它们的输入不仅可以是定性的、语言形式的或集合形式,以及三种混合形式,还可以是不完整信息的输入。输入矢量元素中覆盖了对应输入特征的低、中、高语言特性部分的隶属函数值。输出决策按照类隶属函数值分别给出,它可以用于:① 基于完整的和/或部分信息的推理;② 查询对用户决策至关重要的未知输入变量;③ 产生数据 IF……THEN 规则推理的鉴别。一个神经网络开始是经训练获取所需要的准确率,然后使用剪技算法来去除多余的网络联结,随后分析得到隐层单元的联结权重和活性值,最后产生分类规则[29,30]。

Zhang 等人设计成一个粒度神经网络,可处理数字—语言数据融合以及在数字—语言数据库中粒度知识发现[36]。这种网络可以学习在输入和输出之间内在的粒度关系,并且预测新的关系。低水平粒度数据可以通过压缩组合来生成以规则形式存储的高水平粒度知识。

Mitra 提出的基于知识的模糊神经网络,可以处理以语言形式存储的正、负规则,并用以判定已经得到的决策[6]。当缺少支持模式属于类 C_k 的正信息时,关于某个模式不属于类 $C_{k'}$ 的互补信息则用来产生负规则。推理类信息以及在特征空间的模式点的分布,应先考虑对带连接权重的数据集的原始领域知识进行编码,并且处理过程中还要使用模糊区间和语言集合。网络的拓扑结构在利用生成和/或修剪连接及节点的提炼过程中自动产生。基于知识的网络收敛更快,有利于产生更加有益规则。

4. 特征化与比较

概念描述产生数据的特征化和比较描述,是数据库知识发现的主要部件之一,它向用户提供数据库大量信息中的主要综合性信息。模糊集理论亦用来数据概要的工作[25]。典型地,模糊集被应用于使用模糊 IS-A 分层,作为领域知识的交互上下概要发现过程。根据模糊 IS-A 分层,其中模糊 IS-A 实际领域的普遍关系用自然语言表述,而发现过程产生更精确的数据概要。

大量的数据的语言概要是源自带有效度的语言性的量化概要命题,这种有效性程度与对应优先选择标准包含于挖掘任务中[26]。系统由概括机,一致量和真实/有效性组成。由于巨量的概要的综合问题以及最适合/有效的选定问题,单特性简单概要机往往被扩展成为多特性值融合的系统。

可见有意义的语言型概括机是非凡的,与人一致的概念,包括复杂多特性的综合。实际过程中,这种机器是不可能自动形成的,它需要人的辅助和交互。Kaeprzyk 和 Zadrozny 开发了一种叫 FQUENY 的,在 Access 软件上附加了模糊结构,可以进行利用自然语言项和可理解数量词的语言概要[27]。它支持大量模糊查询,包括匹配模糊关系的组件特性以及重要性因子。首先,用户将系统的一组语言概要用公式表述出来;系统从数据库中找到相应的记录,并计算每一个概要的有效性;最后,选择出一个最适合的语言概要。这个方案已经被用于 Internet 上用 WWW 进行模糊查询,模糊关系以及语言量词定义通过 JAVA 小应用程序来实现。

Chiang 等人利用语言概要挖掘时间序列数据[37]。系统提供人类交互以及图形显示工具,帮助用户对数据库进行预挖掘,并决定要发现的知识。模型被用来预测不同资源在线使用等级情况,包括 CPU 和实际存贮量。George 和 Srikanth 使用模糊遗传集成算法,其中 GAS 被用来决定最适合的数据概要[28]。

5. 预测

除了发现人类解释性的模式,数据挖掘还包括预测[39],数据库中的变量和特性往往被用于决策未知的关联其他变量的未来值。传统的权重平均和线性多重回归预测模型需要一些与特性无相互作用的基本假设。而遗传算法,可以更好地处理相互作用的特性。

Xu 等人利用非线性积分设计了一种多输入-单输出的系统,使用自适应遗传算法从一组训练数据学习多重非线性回归[4]。Noda 等人使用遗传算法在关系模型任务中发现有趣的规则,其不同规则可以预测不同的目标特性[5]。当高信息增益的基本特性独立考察时,可以认为是良好的预测器;而低信息增益的特性在考察特性相互作用时则会使关联性更强。这种现象与规则受关注程度有关。必然结果的关注程度是基于被预测值的相对频率来计算的。换句话来说,目标属性值越少,它预测到的规则受关注度越大。因为使用者往往只需搜索到少量的关联规则而不是一整套准确的规则。

神经网络也已经被广泛应用于回归的任务[3]。Lee 和 Liu 采用神经网络来进行时间序列的预测。他们采用混合径向基函数的神经摆动弹性匹配模型,对热带飓风进行辨认和跟踪[38]。

6. 相关性分析

模糊逻辑已经被用来基于变量和数据库关系之间的功能依赖关系(FDS)分析推论。模糊推断归纳出既可不精确和又可精确的推论,同样地模糊关系数据库通过支持模糊信息存贮和恢复归纳出它们的经典的、非精确的副本。文献[23]利用保持与经典的、非精确的、模糊关系数据模型至关重要的一些联系形成一个特定的抽象模型来执行推论分析。这种联系增加了实际应用中包括"接触反应式推论分析"知识发现和数据安全在内的推论形式的使用。FDS 从知识发现的观点来看是一个有趣的概念,因为它允许人们用一种压缩的形式来表述一些在数据库中存在的真实直接的特性,而这些数据又可以用于大量不同的应用场合,如反向工程或查询优化。Bosc 等人使用数据挖掘算来提取发现扩展的 FDS,并使用语言变量的渐进规则来表示[24]。

1.2.4 结论

第一代数据挖掘算法在真实企业运营环境下的应用已取得了重要的进展,但这些算法最适合于将众多数据包含入一个数据库的情况,在数据库中,这些数据是以数字或符号特征来表述的。现在期望开发新一代数据挖掘算法模型,它们可以覆盖包含大量不同性质和类型的数据,以支持混合主动式数据挖掘,人类专家可以与计算机协同形成操作,并对其进行测试。未来数据挖掘进程所面临的挑战在于:

(1) 巨大高维的数据集:巨量的数据集使得对模型归纳产生了混合操作性的寻搜空间,同时增加了数据挖掘算法发现谬误不正确的模式。鲁棒性的、高效算法,采样近似法和并行处理将是可能的方案。

（2）用户的交叉和优先知识：数据挖掘是内在的交互和迭代过程。用户可以在不同阶段进行交互,所用的领域知识要么以高层次的模型描述,要么采用更详细的层次。

（3）过度拟合以及统计有效性的评价：数据挖掘的数据往往是巨大的,并且是从不同发布源获取而来的,因此谬误数据容易导致了模型的过拟合。规范化和重采样是模型设计的重要方法。

（4）模型的可理解性：发现的知识要让人类更易于理解是必要的条件。可能的解决办法包括规则结构化,自然语言表述,数据与知识的可视化。

（5）非标准和不完全数据：这些数据可能产生丢失和/或是噪声。

（6）融合媒体数据：学习用多种媒体形式如数字、符号、图像和文本等综合在一起的表述的数据。

（7）变化的数据和知识的管理：快速改变的数据,在数据库中修改/删除/增加,显而易见可使模式失效,可能的解决方式如更新模式的增量式方法。

（8）集成：数据挖掘工具往往仅是决策制定系统中的一部分,因此希望它能够与其他组件如包括数据库和最后决策制定系统平滑地集成在一起。

软计算方法,包括上文讨论的几个组成部分及其他综合方法,近年来被引入数据挖掘研究中,以期提供低成本、快速的海量数据处理方案。基于不同的软计算工具以及其混合方案的挖掘功能以及模型选择的优先标准,可以得出一个大致的可行途径。这些方法使用中依然存在很大的挑战,具体包括：

（1）规模问题,覆盖多重事件的,有可能在不同贮存物理介质或在Web上不同地理位置上的极大的异构数据库,往往将这些数据结合在一个巨大的单一的数据文件中是不可行的。

（2）特征评价和维度约简，用以增加预测精确度。

（3）动态数据的矩阵选择以及评价技术。

（4）集成领域知识和用户交互。

（5）性能的定量分析评价。

（6）高效的软计算组件继承。

本书将就上述在电力决策支持研究中所涉及上述相关议题展开研究，以提供对今后同类管理决策支持数据挖掘算法模型的开发和应用提供新的方向和参考。

1.3 数据挖掘在电力行业中的研究现状

从上一节对数据挖掘的综述评价来看，与面向经典理论的电力系统分析方法相比，数据挖掘具有对其潜在问题和规律更高的预见性、计算效率以及对不确定性更好的检测和管理能力，因此它非常适合与电力系统大规模非线性问题的求解。国际上数据挖掘已经在电力系统的各个领域的应用得到越来越多的关注，显示出强大的优势。

1.3.1 数据挖掘在电力行业中的应用

动态安全分析（Dynamic Security Assessment，DSA）是评价系统受到大扰动后过渡到新的稳定运行状态的能力，并对必要的预防措施和补救措施给出适当的参考答案[57]。动态安全分析一般分为暂态稳定分析（TSA），电压稳定分析（VSA）和频率稳定分析（FSA）三部分。

K. R. Niazi 等人提出基于人工神经网络和决策树的混合方法在电力系统在线安全评估中的应用[58]。克服了人工神经网络黑箱不易理解和决策树不是很精确的不足,取得了预期的效果。Karapidakis 和 Hatziargyrion 提出了在孤岛电力系统的在线动态安全预防中应用决策树,强调在线应用决策树技术来测试每个发电调度的动态安全性,并且经过发电再分配来提供正确的指导[59]。在大多数孤岛电力系统中发电的费用比互联的电力系统要高很多,文献从各种决策树中提取出来的规则与发电容量的最优化直接相关,优化了孤岛电力系统的发电容量,节约了发电成本。Lopes 和 Vasconcelos 提出了 Kernel 回归树的新方法应用在线安全评估和监控电力系统上,该方法首次用动态安全评估处理频率稳定性的问题,与决策树和人工神经网络结合的方法相比,其性能更优[60]。Karunadsa,Annakkage 和 MacDonald 描述了一种从决策树学习中提取规则,并用这些规则来获得必要的控制措施,使得暂态不安全稳定的电力系统保持安全的动态控制技术,同时还提出了用 Quinlan 的 C4.5 决策树来在线安全控制,与神经网络技术所不同的是以 C4.5 不需要任何特征选择,训练过程非常快而且输入向量的大小不会引起训练过程中的任何问题,唯一的困难是产生训练数据难得到基于 C4.5 的充分精确、规则的过程[61]。

电力系统故障诊断是通过利用有关电力系统及其保护装置的广泛知识和继电保护等信息来识别故障的元件位置(区域)、类型和误动作的装置,其中故障元件的识别是关键问题[62]。从已有的文献研究中可见,电力系统故障智能诊断使用的人工智能方法,如专家系统、人工神经网络、优化技术、粗糙集理论、模糊集理论和多代理技术等。白建社等人利用决策树对知识表示和获取融于一身的特点,将其用到变电站故障诊断领域,实现故障诊断知识的自动获取与表示,同时获得较高的推理速度[63]。孙雅明等人将基于事件序列的数据挖掘原理故障诊断模型用于高压输电线系统故障诊断领域,依据输电系统故障事件序列在时空特性上的关联性,用动态规划算法的优化相似性原理挖掘事件序列之间的关联性和蕴涵的知识,将诊断问题的求解转化为寻求与实时故障事件序列模式最相似的、运算操作代价最小的标准故障序列模式,以实现对异常事件序列模式中畸变事件的"复原"和纠错,从而保证故障诊断系统的高容错性,并在处理前应用分级优化思想,降低动态规划算法的数据输入量,提高了工作效率[64]。赵冬梅等人提出了一种基于粗集理论的决策表约简新算法,通过粗集理论与二元逻辑相结合的属性约简算及改进的值约简技术对诊断决策表进行约简,可快速得到最佳约简组合;同时提出了形成混合策略规则的思路,将约简结果进行融合,从而建立故障所对应的综合知识库模型用于电网故障诊断中[65]。于达仁等人针对粗集方法应用于电厂与电力系统数据挖掘中存在的连续属性离散化问题,提出了基于模糊聚类的离散化方法。采用模糊平均算法将连续属性值离散化,获得各类的中心和属性值隶属于各中心的隶属度矩阵;然后采用粗集理论对离散化之后的数据进行处理,挖掘故障诊断与运行决策的规则知识,规则评价的置信度、支持度指标[66]。

电力系统的经济调度首先考虑全系统的经济性,电网经济调度是以电网安全运行调度为基础,以降低电网线损为目标的调度方式。曹一家针对电力系统经济调度问题,定性研究了粗粒度模型并行遗传算法中迁移策略参数对算法性能的影响,获得具有普遍性意义的结论,对设计和开发适用于大系统优化的快速鲁棒进化算法提供参考[67]。前人的工作已经证明决策树有能力解决计及环境约束的电力系统经济调度的优化问题,Roa-Sepulveda等人提出了一种在决策树方面的改进算法,从经济调度问题解决的质量、计算的时间和全局搜索点方面来看其都是一种有效的数字集中的方法[68]。它具有高速的而不易陷入局部最优解的寻找能力,使得整个算法收敛性提高了。随后他们在决策树中加入了模糊逻辑,使得收敛性进一步提高。陈海焱等人采用模糊理论建立了含风电场的电力系统动态经济调度模糊模型,并采用改进粒子群优化算法求解经济调度问题,较好地解决了由于风电场输出功率随机变化给系统经济调度带来的困难[69]。

在电力系统的实测数据中,通常会存在与一般规律不相符的异常数据,这类异常数据有可能是由于测量误差、传输误差造成的,监视并分析电力系统数据集中所隐藏的异常数据具有较高的实用价值。可利用聚类对于数据库中的孤立点、缺失或错误的数据来进行异常挖掘。Huang 提出了利用间隙统计算法(gap-statistic-algorithm,GSA)来提高在电力系统操作中对坏数据的辨识能力[70]。由于在 GSA 中聚类的数目能达到最优化,这种方法成为识别异常数据的高效方法。张晓星等人基于数据挖掘理论提出一种电力系统脏数据的动态的智能清洗模型,利用模糊聚类改造 Kohonen 神经网络,使之实现数据的模糊动态聚类,并应用径向基函数网络实现脏数据的辨识和定位。该模型理论上具有高精度、实时性和动态性特点,宜于进行负荷数据的实时处理[71]。吴军基等人在分析间隙统计数据挖掘技术应用于电力系统不良数据辨识的基础上,提出一种判断最佳聚类个数的肘形判据,该判据与间隙统计技术相结合用于电力系统不良数据辨识[72]。对于数据量巨大的情况,该方法是一种快速高效的算法,具有良好的应用前景。王培红等人基于数据挖掘技术建立了定量关联规则的数据挖掘算法模型,编制了可用于实时数据分析的应用系统,给出了确定优化运行基准参数等电厂运行数据分析的应用示例。结果表明数据挖掘方法在实时数据有效性维护、设备故障诊断、机组实际运行特性跟踪等方面具有其他方法所没有的优点[73]。

电力负荷预测是电力调度系统的一项非常重要的工作,它关系到电厂各机组的运行计划,预测结果的准确与否直接影响电力部门的经济效益。基于数据挖掘决策树算法和通用的决策支持对象建模工具,朱六璋等人结合区域电网气象负荷数据库,设计并实现了决策树形式的数据挖掘模型,并将其运用于日负荷预测,统计分析结果表明该数据挖掘模型完全满足实用标准,具有智能自适应、自学习和全过程自动化、通用可靠以及准确率高等特性[74]。在此之后,朱六璋又给出了一种短期电力负荷预测的组合数据挖掘算法,模型以天气为条件选择出基准日,通过基准日与预测日相关影响因素差别时 2d 相应负荷变化率的关联规则挖掘,利用非线性加权组合(BP 网络)进行短期负荷预测,针对节假日,基于范例推理给出节假日影响校正处理方法,从而构成了组合电力负荷预测模型[75]。王志勇等人针对短期负荷预测具有明显周期性的特点,将范例推理方法应用于短期负荷预测,通过粗集方法获取范例的特征属性和对应权重值的合理选择,从而保证得到与预测日前一段时间内都相似而不仅与预测日相似的历史范例集[76]。郑刚等人从寻求准确预测电力系统的目的出发,提出了利用数据挖掘方法将电力系统大量的历史负荷数据按照相应影响因素进行分类,建立负荷预测的决策树,该方法克服了其他线性预测方法带来人为误差的缺陷[77]。但这种方法没有考虑负荷受外界的影响,由于电力用户的多样性及随机性,用常规的算法很难划分用户群组和分析出用户的特点,精度不是很高。Pitt 提出了用时间序列模型使用已有的数据序列预测负荷,用自适应决策树对存储在数据库的用户的用电记录、季节、气候和其他一些相关的属性进行聚类,制定合适的收费表,而且分析出用户和其他属性相关联的一些特点[78]。

1.3.2　结论

要取得有效的系统规划结果,在进行规划时,就必须考虑由负荷模型不同引起的系统的多种结构,及在每种结构下可能出现的故障,由此制定出保证系统安全稳定运行的规划策略。在此过程中数据的处理量是巨大的,数据挖掘正是利用各种分析工具和手段在海量数据中发现模型和数据间关系的过程,这种模型和数据间关系可被用来制定系统正常情况下的运行法则和发生故障的应对策略。

电力决策支持系统中的数据挖掘处理过程要求有深厚的电力系统相

关领域知识和理论指导，挖掘算法模型应和电力系统应密切结合，进而使数据挖掘更有效，这就需要有此方面的专业人才队伍，目前这方面的专门人才比较缺乏。从国内此方面的应用来看，大规模电力系统应用数据挖掘技术尚不普遍，个别企业或部门仅零星的应用还处于初级阶段，面临多维巨量数据集的挑战，以及不能正确处理冗余信息和噪声数据、挖掘结果的无效性、处理数据的"模糊边界"等问题。同时，数据挖掘算法的有效性和可伸缩性、数据挖掘结果的可用性、交互性、确定性及可表达性都是目前需要解决的问题。因此，开发适合电力决策系统的专用的数据挖掘模型、方法，使数据挖掘能够覆盖电力系统更广的应用范围，是数据挖掘在电力系统领域发展的必然要求。

1.4　本书结构与安排

1.4.1　本书内容

本研究课题将以数据挖掘建模为研究主题，将人工智能理论、数据建模技术、数理统计、管理理论等为基础支撑，重点研究数据挖掘建模在电力行业管理运营中的一些亟待解决的问题，结合前期战略咨询项目调研得到的相关结论，解决带有价格突变情况的电力价格预测和电力客户信用度分析两个应用专题，为国内数据挖掘与知识创新在电力行业应用提供有益的理论、实践参考。

主要研究内容包括以下几个方面：

第1章为引言。主要介绍了本书研究的目的和在理论与实践上的意义。说明了本书所涉及的研究主题和工作范围。其次，对数据挖掘和软计算的基本概念与基本理论、当前研究与应用的进展和未来趋势进行充分的讨论和评述。结合国内外电力行业数据挖掘科研和商业应用的现状、暴露出的问题,指出适合国情的新型决策支持和知识管理系统的可行方向与途径,提出了本书研究的技术路径和研究方法,描述了本书的基本框架。

第 2 章为时间序列数据约简理论与建模。作为数据挖掘建模和应用的前驱步骤,结合电力系统数据特性,提出了时间序列多边形约简算法模型,并给出了数学证明;从数学角度证明了线性平均约简在时间序列分析中的理论可行性,为后续研究奠定了技术基础。通过滑动窗口和启发自搜索方法,在降低参数选择要求的基础上,设计出满足电力系统实时性要求的在线多边形约简算法。综合符号机器学习的思想,引入生物学 DNA 分析技术,提出了随机投影约简模型,并给出了严格的数学和实验证明,为后文进行语言层次上的相似性搜索提供技术支持。

第 3 章介绍电力价格突变预测模型和方法。首先介绍了一种新型相似性测度——动态时间弯曲模型,这种测度借鉴了文本信息处理中的非线性弯曲概念。提出了基于动态时间弯曲的时间序列相似性搜索算法。为满足电力系统实时性、数量大的特点,使用前文提出的多边形边界约简和线性平均技术,对时间序列进行降维处理,解决了基于时间弯曲的高计算成本问题。基于新型相似测度基础上,结合范例推理思想,设计了一类电价突变预测方法。实际电力数据实验结果分析,验证了本章提出的模型有效性和精确度。

第 4 章为电力价格预测研究。引入云模型概念理论,综合考虑时序数据和趋势演变的随机性、模糊性之特点,在"软或"运算的基础上,构建了知识概念索引树模型,该种树模型可以实现概念层次的爬升、跳跃,为数据挖掘在不同层次发现知识(规则)提供机制。同时由于采用云模型概念,使得时间序列分析的在时间层次和精度层次上都可以实现平滑过渡,适合发现数据突变或异型状态。将云特征挖掘与预测模型应用于伴有突变的电价预测问题,通过对海量历史价格数据的学习,发现本地区电力市场价格规则集,构建电力价数据概念树集。通过基于范例推理结构,得出发生电价突变的概率和发生时间、发生峰值,提供决策者制定相应策略。实际运行结果证明了本模型不仅能满足实时性、准确度和置信度要求,同时又能满足决策支持人机交互的需求,有很好的应用前景。

第5章为基于容差粗集模型与客户信用度分析。提出了基于容差粗糙关系的规则划分模型和实现算法,利用遗传算法对容差粗糙的相关参数——相似阈值和权重因子进行优化选择。对用电客户的数据进行分析核定规则抽取的基础上,形成客户信用评价的规则库,通过规则库的匹配搜索来制定相应的策略,充分利用了容差粗集模型在数据冗余和信息缺失条件下,大数据量规律发现的能力。

第6章说明本项目决策支持高级应用的平台实例。结合调研结果,提出了电力企业决策支持系统平台框架。明确地阐述了对应的目标和实施结构,描述功能和相互间的业务流程,并给出了部分运行效果图。

第7章为研究结论与展望。对本书的研究内容的主要创新点加以总结和分析,结合研究中存在的问题给出了未来研究工作的方向。

1.4.2 技术路线

本书的研究工作所持技术路线主要分为理论分析、实验研究、结论运用三个步骤,其中第2章至第5章的结构基本相同,均为理论分析、实验研究和结论运用的结构。首先给出问题,并提出研究思路,通过理论推导和数学证明,对提出模型的模型加以理论验证,选择实际运行数据进行模型验证,判断模型的可行性。最后将模型应用于实际问题求解。第6章为实验研究和结论运用结构,给出了实际系统的设计框架和方法,并得到部分运行结果。第7章为分析和归纳,通过对论文内容的总结,提出未来的发展的方向。研究技术路线如图1-1所示。

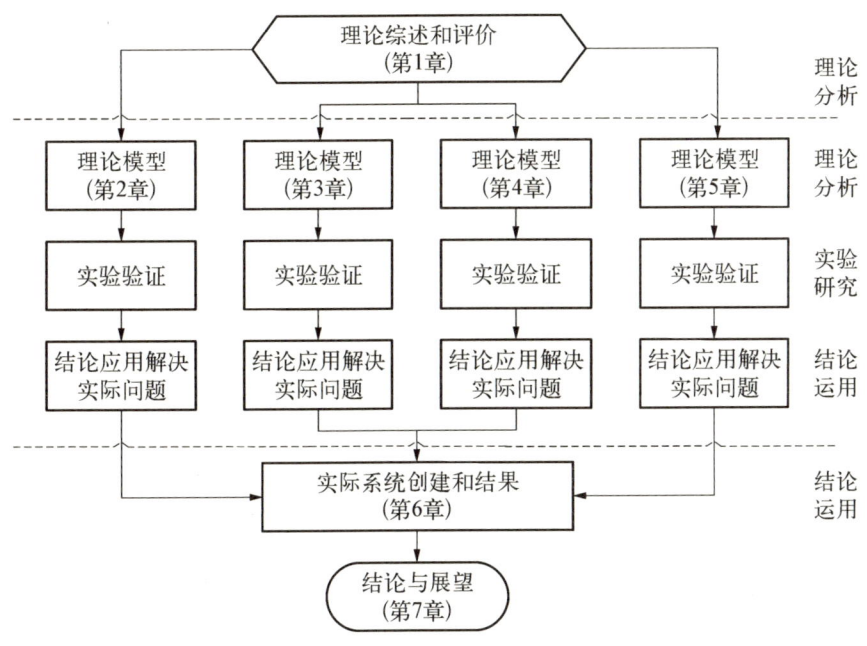

图 1-1 本书研究技术路线

1.4.3 研究方法

本书将综合运用计算机科学、管理和决策理论与方法，借鉴国外先进的研究成果，采用理论研究与实验研究相结合的方法，探讨建立电力决策支持系统高级应用的模型。主要包括以下两类方法：

理论研究法。在对相关问题的研究中，明确问题的发生原因和相关条件，综合运用人工智能、统计学、数据挖掘的技术，以数学模型的建立和验证方式，提出解决问题的方法。通过严格的数学证明，在理论上达到和保证模型的可行性和可信度。在理论尚未成熟的研究范围内，先确定研究问题的边界条件，利用最新的研究成果加以证明其合理性。

实验验证法。数据挖掘模型的验证需通过大量的实际数据试验，在实践基础上，不断优化模型和方法。本书采用已有电力系统的历史数据作为学习样本,模拟实际环境,并使用部分历史数据作为测试样本,进行模型验证,同时还将本书成果与同业内已有研究成果做对比实验,得出相应的结论。

1.5　本书主要创新

第一,时间序列数据约简模型理论和实现算法。

本书借鉴了计算机图形学和地图学中的多边形曲线约简思想,将非结构化的时间序列数据进行整合,综合滑动窗口算法的在线运算能力和 Douglas - Peucker 算法高精度的特点,提出了时间序列在线多边形约简算法。算法基于多项式回归分析技术提供了最小均方误差意义下的时间序列分割,同时根据需要既可以实现很高的重构精度,也可用不高的特征空间维数代价实现高压缩比数据索引。

时间序列分析中的线性平均模型和以斜率为特征的约简模型,详细证明了理论可行性,为后续研究提供了有力的技术支持。

综合符号机器学习的思想,引入生物 DNA 分析技术,提出了随机投影方法,为实现形态概念层次上的知识相似搜索提供有效预处理功能。

第二,时间序列数据新型距离测度与相似性搜索。

借鉴文本信息处理中的非线性弯曲概念,提出基于动态时间弯曲的时间序列相似性搜索算法。算法对时间序列存在的间隙、偏移或振幅差异的有很强的鲁棒性。

基于新型相似测度,综合范例推理思想,提出电力市场价格突变发生预测方法,能高效、准确地捕捉价格突变的发生。

第三,基于云模型的特征模式发掘模型。

将时间序列在分层形态概念意义上构建概念树。通过使用云模型方法,将高维时间序列映射到低维符号特征空间,不仅大大降低了时间、空间复杂性,同时由于云模型的软划分,降低了数据约简过程中数据丢失所造成的影响,提高了对噪声的鲁棒性,充分满足了趋势预测中的随机性、模糊性的要求。

将云特征挖掘模型应用于电价预测问题,通过对海量历史数据的学习,发掘价格突变和无突变情况下电力价格的规律,构建电价数据概念树集,并获取电价突变影响因素。通过空间索引技术,使得决策支持系统能实时访问和搜索相似条件下的决策判断,以提供决策制定的支撑。

第四,关注电力市场客户信用度评价的数据挖掘模型。提出了基于容差粗集关系的时间序列分类算法。

提出了基于容差粗糙关系的规则划分模型和实现算法,该模型可以直接处理连续特征量,对不相关事物以及约简属性不灵敏,且对噪声数据与数据遗失有一定的包容性,有效地解决实际系统数据不完整、数据量巨大等问题。

利用遗传算法对容差粗糙的相似阈值以及权重因子进行优化,降低人工参与的要求。与其他分类算法的对比实验表明,本书提出的算法无论在分类精度还是噪声抑制方面都有良好的特性。

对电力客户的数据进行分析的基础上,形成客户信用评价的规则库,通过规则库的搜索来制定相应的营销策略,实现了容差粗集模型在信用度管理中的应用。

第2章
时序数据约简建模与应用

对于电力系统这样的大系统而言,随着数据采集与监视控制系统(SCADA)、管理信息系统、地理信息系统(GIS)以及电网运行的实时信息系统等的广泛应用,各种实时数据已成爆炸性增长态势。传统的数据库技术和统计处理手段已经难以满足决策支持、管理控制的要求。对于系统中信息的展示和处理,迫切需要运用新方法、手段加以改进和完善,以便提供更快、更有效的决策支持。

对象行为知识是在真实世界系统与应用中理解复杂关系的一个组成部分。越来越多的观察和数据生成方法提供更适合的数据以捕捉这类复杂关系。但是,在日常生活中往往是由历史原因——数据挖掘中许多研究方向都集中于对象的静态描述或者是并非设计用于考查数据动态行为和/或关系的。显然,这是一种严重的缺陷,因为对象的一些急需被更好掌握的复杂关系并未被数据挖掘所考虑。

本章将以电力系统数据特征为出发点,研究如果对电力数据进行约简和降维,使得后续专题处理模型能够高效、准确的分析处理。

2.1 相关工作

定义 2.1 原始的、未经处理的含有噪声、偏移和振幅差异的随时间变化的序列值或事件所组成的数据集称为时间序列数据。

数据约简是计算机科学中的一项重要的研究领域。在计算机图形学、计算机视觉和地图学中,图像曲线的简化表示是重要的分析预处理手段,同样,时间序列(Time Series,TS)表示不但涉及数据质量,而且还影响相似性搜索和模式挖掘算法的效率和可行性。因此寻找一种高鲁棒性、高效率的表示方法就显得极为重要。简化的手段主要是将几何曲线用预设的具有 m 个顶点的多边形来逼近[79]。可以借鉴这种思想,将非结构化的时间序列数据进行整合,抽取重要的数据区段供分析用。现有的曲线简化算法主要分为启发算法和优化算法两大类。对于优化算法,其计算时间复杂性往往与数据长度成二次甚至三次关系,这对于有海量数据的数据挖掘任务是不切实际的。因此,本书研究时间序列的表示算法主要集中在启发算法范围。

已有表示方法包括频谱分析法(如傅里叶变换、小波变换等)、特征映射和线性分段表示(Piecewise Linear Representation,PLR)等。对于静态时序数据,频谱法应用的比较广泛。但本书研究对象是实时性很强的电力系统,数据包含大量暂态行为,有的信号强度变化幅度极大,一般的频谱分析法是不能胜任的。此外,从知识发现的观点来看,频谱表示法在某种意义上是非直接方法。因此,本书将主要研究能够直接捕捉 TS 形状特征,并可以实现序列可视化的约简算法[80]。

Shatkay 和 Zdonik 用 Douglas - Peucker 算法在时间序列中近似查找[81]。Park 等人对 D-P 算法进行的改进:先扫描整个数据集,并标示出所有的峰和谷。依据这些极值点可以得到初始的分段,然后在这些分段中分别执行 D-P 算法(放置在各个分段内的逼近误差过大)[82]。他们利用这种分段逼近来支持一种相似性测度-动态时间弯曲。已经证明,这种算法的改进对平滑的混合数据集是有效的。但是对于带有大量噪声的实际数据集,这种改进导致了大量的碎片。

Lavrenko 等人也使用这种算法来支持文本和时间序列的挖掘。该算法的改进包括使用了 t 测试的算法终止,试图发现突发事件对金融市场的影响[83]。

Smyth 和 Ge 利用此算法支持隐马尔科夫模型的故障点诊断和模式匹配[84]。

分段线性化方法指的是长度为 n 的时间序列 T 用 K 线段来近似逼近。因为 K 往往小于 n,所以这种方法使得数据存储、传输和计算更为高效,尤其在数据挖掘领域,该方法可以应用于:

(1) 支持快速、精确的相似性搜索;

(2) 支持新颖的时间序列距离测度,包括"模糊查询"、加权查询、多目标查询、动态时间弯曲以及相关应用[81,82,85];

(3) 支持当前文本和时间序列混合挖掘[83];

(4) 支持新颖的聚类和分类算法[86];

(5) 故障诊断监测。

2.2 多边形逼近约简

2.2.1 数学模型

越来越多的心理学研究表明人类的视觉系统是通过将平滑连续的物体划分为细小单元的离散形式来观察的。分段线性化算法可以提供对曲线直观、可操作的表示（概化为低阶多项式、样条函数），它有较高的数据压缩率，且对数据噪声有一定的抑制作用。

在数据挖掘界，D-P算法被用来实现在多重抽象水平上序列数据库挖掘。算法的基本出发点是对时间序列，考察其每一种可能的分段逼近方案，从中选择一种最佳的逼近[87]。初始阶段，可以任意定义较大的残差阈值，然后将曲线首尾区间分割成两个小的区间，获得其分割断点位置。第二步分别计算出小区间的线性逼近以及对时间序列的残差，考察两区段总的残差和：如果均小于用户确定的误差阈值，则结束。如果存在大于阈值的情况，则递归调用D-P算法，继续分割该区间的子序列直到所有区段的误差均小于误差阈值。表2-1给出算法的伪代码。

表2-1　D-P算法伪代码

```
Algorithm Seg_TS=D-P(time_series,max_error)
least_residue←inf;
for i= 2 to length(time_series)−2
Improved_approx←Breakpoint(time_series, i);
if (improved_approx_error< least_residue)
    least_residue ←improved_approx_error;
end;
end;
if
calculate_error(time_series[1：breakpoint])>max_error
Seg_TS←D-P(T[1：breakpoint]);
end;
if calculate_error(time_series[breakpoint+1：end])>max_error
Seg_TS←D-P(T[breakpoint+1：end]);
end;
```

D-P算法在地图学应用中较为广泛，在图像处理领域内则被称为Ramers算法[88]。在机器学习、数据挖掘研究范围内，这种算法在Duba和Harts的经典课本中提到，这种算法被叫做"迭代式端点匹配"算法[89]。D-P算法有较高的精确度，方法直观，但是，在实际数据处理中只能面向静态数据,且会发生简单多边曲线自相交现象。

D-P 算法从实质来看属于精炼算法(refinement algorithm)。此外,在计算机图形学中,有一种 2-D 曲线约简方法,称为抽选法(decimation methods)[87]。这种算法可以说是 D-P 算法的完善。实现步骤如下:

步骤 1 创建一时间序列的可能的最佳逼近,即用 $n/2$ 个区段来逼近长度为 n 的时间序列。

步骤 2 对每一对相邻区间计算其残差,并对小于一定的残差阈值所对应的相邻区段进行连接,直到所有区段都连接完成,满足中止要求。当待连接区段 i 和 $i+1$ 被连接后,算法记录下残差,即对新的片断与其右端相邻区段连接情况进行记载。同时对第 $i-1$ 号片段与其右段相邻区段的残差进行累加。

确定逼近区段的数 K 直接关系到线性逼近的质量。对于不同的时间序列数据,没有统一的选择规则,基本上都依据实际经验,这就为高效、精确的表示带来了困难。如果 K 值选的太小,则有可能遗漏时间序列中重要的技术特征,使似搜索特征项不完整。相反,K 值太大则会造成在保留关键技术特征的同时引入大量不必要的冗余信息,增加算法处理的时间、空间复杂性,这在数据挖掘领域是非常不可取的,因为数据挖掘对象往往包含 TB 数量级的数据。从多边形约简算法可知,两个相邻的区间以最小误差平方和为目标函数进行连接。从统计学观点来看,可用简单的启发式搜索自动找到相对优化的 K 值。最佳的区段数由算法自动生成。表 2-2 给出算法伪代码。

表 2-2 抽选算法伪代码

```
Algorithm Seg_TS=Polygonal_BR(time_series,max_error)
for i=1:2:length(time_series)
    Seg_TS←concat(Seg_TS,polyfit(T[i:i+1]));
end;
for i=1:length(Seg_TS)-1
```

续 表

```
link_error(i)←calculate_error([link(Seg_TS(i),Seg_TS(i+1))]);
end;
while min(link_error)<max_error
    i←min(link_error);
    Seg_TS(i)←link(Seg_TS(i),Seg_TS(i+1));
    takeout(Seg_TS(i+1));
link_error(i)←calculate_error([link(Seg_TS(i),Seg_TS(i+1))]);
link_error(i−1)←calculate_error([link(Seg_TS(i−1),Seg_TS(i))]);
end;
```

2.2.2 理论证明

上一节给出了多边形逼近约简算法(Polygonal Boundary Reduction Algorithm，PBRA)的模型描述和实现思路。本节从数学角度归纳出该模型的实质特征。

假设由长度为 n 的等间距均匀采样实值时间序列的全体组成 n 维线性空间 $X=\{x_1,x_2\cdots\}$，$x_i=\{\xi_1,\xi_2,\cdots,\xi_n\}$，$i=1,2,\cdots$，$X\subset R^n$，且在此空间上定义距离 d，共同构成距离空间 $<X,d>$。

定义 2.2 若距离空间 $<X,d>$，有

$$P(x_0,\varepsilon)\equiv\{x\in X: d(x,x_0)<\varepsilon\}, \varepsilon>0 \tag{2-1}$$

称 $P(x_0,\varepsilon)$ 是以 x_0 为中心，ε 为半径的模式。

引理 2.1 $\forall x,y\in X$，x 与 y 之间的距离(修正欧几里得距离) 为

$$d(x,y)=\left(\frac{\|x-y\|^2}{n}\right)^2 \tag{2-2}$$

设 $\forall x\in X$ 在最小均方差意义下的多项式函数逼近，即

$$f(t,w)=w_0+w_1 t+w_2 t^2+\cdots+w_{p-1}t^{p-1} \tag{2-3}$$

可将 X 映射到系数向量 $w=(w_0,w_1,\cdots,w_{p-1})^T$ 张成的特征空间

上,此特征空间中的距离如式(2-4)所述。

定理 2.1 设 $\forall x, y \in X$,分别可用形如式(2-3)的 $p-1$ 阶和 $q-1$ 阶多项式函数拟合。为不失一般性,设 $p \geqslant q > 0$,系数向量分别为 w_x 和 w_y,则 x 与 y 之间的距离

$$d_F(x,y) = (\|Q_p w_x - Q_q w_y\|^2/n)^2 \tag{2-4}$$

式中,Q_p 和 Q_q 有相同的形式,即 $Q = (1^T, \cdots, i^T)^T$,$i = (i^0, i^1, \cdots, i^{k-1})^T$,其中 k 分别取 p 或 q。

证明:x, y 的线性模型分别是 $x = Q_p w_x + e_x$;$y = Q_q w_y + e_y$,其中 x, y 和 e_x, e_y 均是 n 维列向量,$e_x \sim N_w(0, \sigma_x^2)$,$e_y \sim N_w(0, \sigma_y^2)$,$N_w$ 为高斯白噪声,而 w_x, w_y 分别是 p 维和 q 维的参数向量。根据最小二乘法,分别将 x, y 用其估计 $\hat{x} = Q_p w_x$;$\hat{y} = Q_q w_y$ 代替,根据引理 2.1 可得式(2-4)。如果在参数向量 w_y 末尾添加 $p-q$ 个 0,可得到 $w'_y = (w_{y,0}, \cdots, w_{y,q-1}, 0, \cdots, 0)^T$,式(2-4)可改写为

$$d_F(x,y) = ((w_x - w'_y)^T Q_p^T Q_q (w_x - w'_y)/n)^2 \tag{2-5}$$

多项式拟合实现 $R^n \to R^p$ 映射,因 $n > p$,故映射 $R^n \to R^p$ 实现了时间序列的数据压缩。

当 $p = 1$ 时,本方法等价于线性压缩法。子序列的最大允许标准差相同,而 p 取不同值时,在子序列分段逼近精度相差不大的情况下,子序列数的规模相差很大,也就是说当的 p 取较大值,压缩模型提供更强的概括能力,抗噪声性能也会更好。p 取 1 或 2 时的性能相当接近,但线性模型计算成本更低,因此在大规模时间序列数据集的相似查询领域,前者的计算效率更高。若 $p > 2$,特征空间维数增加(但通常也不大于离散傅里叶变换 DFT 或离散小波变换 DWT),而这种 p 值并不增加空间索引的数据量,故这是一类有希望的时间序列数据压缩表示方法。

2.3 分段平均约简模型

上节提到了多边形基础上的时间序列约简处理算法。这种算法的应用场合是在关心数据上升、下降趋势的场合以及对时间序列形态有特别关注的场合。如果在某些应用场合,对实际数据值的关注度远小于对整体数据走势的情况下,是否还有更简便的约简计算? 这是本节要讨论的分段平均模型。

2.3.1 数学模型

假定有一长度为 L 的时间序列,采用降维方法分两步: 首先,将时间序列分为等长的 S 个分段,其长度为 l,设 $L = S \cdot l$,如果不满足,则在时序数据末尾添加适当个数的零(这样并不影响数据的大小)。其次,从每个分段中提取相应的特征量。这里的特征量可以用区段内数据点的平均值来表征[90]。

规定: 未经处理的原始时间序列数据称为时间序列,用 $A = \{x_1, \cdots, x_L\}$ 表示;经过分段降维处理后得到的数据称为序列,用 A_j^x 表示:

$$A_j^x = \{x_{(j-1)l+1}, \cdots, x_{jl}\} \tag{2-6}$$

定义 2.3 分段平均特征向量: 给定一时间序列 $A = \{x_1, \cdots, x_L\}$ 及分段数 $S > 0$,其特征向量为(mean()为求平均值)

$$\vec{F} = \{f_1, \cdots, f_S\} = \{\text{mean}(A_1^x), \cdots, \text{mean}(A_S^x)\} \tag{2-7}$$

实现上述变换的算法相当简单,图 2-1 说明了算法处理过程。理论上变换后得到的序列特征向量对应某一个距离测度值应小于等于原始时间序列下的距离值,才能保证在相似搜索时不发生漏报。实际上,对原始时间序列实行如式 2-7 这样的约简计算,将会有大量的数据由平均值代替,可能导致序列内隐含的信息被丢失,这将导致在此基础上的相似性搜索存在语义上的问题。因此,要找到一种对遗失数据的补偿机制或者从特征向量本事的属性上寻找帮助,从数学角度论证这种线性平均算法是否满足边界定理。

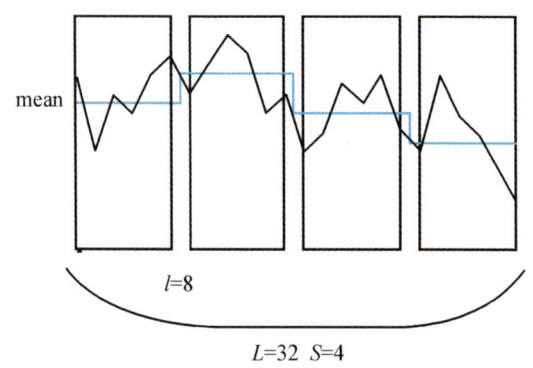

图 2-1 分段平均约简示意图

2.3.2 理论证明

在数学上,有一种凸函数,它具有以下性质:

定理 2.2 假定 $x_1, \cdots, x_L$,且 $\lambda_1, \cdots, \lambda_L \in R$,有 $\lambda_i \geqslant 0$, $\sum_{i=1}^{L} \lambda_i = 1$。如果 f 是一个在 R 上面的凸函数,那么,

$$f(\lambda_1 x_1 + \cdots + \lambda_L x_L) \leqslant \lambda_1 f(x_1) + \cdots + \lambda_L f(x_2) \qquad (2-8)$$

式中,R 是一组实数集。

显然,如 $f(\cdot) = |\cdot|^P$ 形式的函数属于凸函数。我们可以根据定理 2.2,将 $\lambda_i = 1/L$,则可得到如下推论。

推论 2.1 对于任意时间序列 $A = \{x_1, \cdots, x_L\}$,且 $1 \leqslant p \leqslant \infty$,下式成立:

$$L \cdot | \operatorname{mean}(A) |^p \leqslant \sum_{i=1}^{L} | x_i |^p \qquad (2-9)$$

由以上推论可得如下的结论。

定理 2.3 对于任意时间序列 $A = \{x_1, \cdots, x_L\}$，且 $1 \leqslant p \leqslant \infty$，下式成立：

$$l^{1/p} D_p(F(A)) \leqslant D_p(A) \qquad (2-10)$$

证明：(1) 当 $p \neq \infty$，由 $D_p()$ 和 F 的定义可知 $l \cdot D_p(F)^p = l \cdot \sum_{j=1}^{S} | \operatorname{mean}(A_j^x) |^p$

由推论 2.1 可知：

$$\leqslant \sum_{j=1}^{S} \left(\sum_{i=(j-1)l+1}^{jl} | x_i |^p \right)$$
$$= \sum_{i=1}^{L} | x_i |^p = D_p(A)^p$$

(2) 当 $p = \infty$，

$$D_{p=\infty}(F) = \max_{j=1}^{S} | \operatorname{mean} A_j^x |$$
$$\leqslant \max_{j}^{S} | \max_{i=(j-1)l+1}^{fl} | x_i | |$$
$$= \max_{i=1}^{L} | x_i | = D_{p=\infty}(A)$$

而 $\sqrt[\infty]{l} = 1$，得证。

通过以上数学证明，使用分段平均的对时间序列数据降维，可以在一定的距离函数下，保证小于等于原数据的距离函数值。

2.4 实时约简算法

时间序列存在的形式是多种多样的，因此线性分段算法按照 TS 存在形式分为两大类,即在线处理类和离线处理类。这种分类方式是重要的,因为许多数据挖掘算法本身就要求有处理动态问题的能力。

通过对上节两种算法的分析可知,它们只局限于离线工作方式且需要对全部时间序列进行扫描。而大量序列数据,如电力系统负荷量、证券汇市实时交易等应用场合,往往需要大量的计算时间和数据存储(缓冲)空间。这就要求开发一种可以实时处理的,有一定精确度的时间序列逼近算法。基于滑动窗口算法(Sliding Window Algorithm,SWA),提出一种改进实时在线多边形约简算法(Online Polygonal Boundary Reduction Algorithm,OPBRA)。

滑动窗口实现的基本思路是:首先将预设线段的左端固定在时间序列的起始点处,该点称为锚点。然后在其右端用一根不断增长的线段来逼近时间序列。设有点 i,当增长线段到达点 i 处时,与实际数据点的距离差超过用户实现预定的阈值时,则认为从锚点到点 $i-1$ 之间的增长线段就是一可行的逼近。将锚点移动到点 i 处,继续重复以上过程直到完成对整个时间序列的逼近。SW 之所以受到关注,其原因在于实现简单、直观,且容易在线计算。SW 算法的主要缺点是不具备预测、前瞻的功能,对离线运算过程中缺乏全局搜索能力,逼近质量较差。因此,综合利用 SW 算法的在线运算特性以及多边形约简算法的优越逼近能力提出一种综合算法。

算法的基本步骤如下:

步骤 1:系统产生的实时数据,经过传感器后读入到系统主存中。此时,系统提请用户选择多项式约简式的次数。当选择 $p=1$ 时,实际选择了线性计算,则此时,系统调用方法库中的算法(分别是线性 D-P 算法、线性 PBR 算法);

步骤 2:由于选用了多项式约简,那么在较短时间间隔内,将已知数据作为训练数据,可以外推得到未来某个时刻前的时间序列数据大致范围。获知这个数据变化范围以后,可以将此范围内的数据加上已知数据作为一个数据窗口(只要数据满足事先规定的误差范围要求。在电力系统实时系统中,一些参数物理量的变化趋势,正常情况下是满足一定规律,而这种规律可以作为系统校准的参考模型)。

步骤3:在一个窗口内,调用D-P算法或PBR算法,将时间序列数据转化成线性的分段表示。如果选择二次多项式,则使用多项式拟合获得多项式系数保存到系统存储区。

步骤4:计算完成之后,考察此时系统读入的数据与外推得到的数据有无超过误差限的移动,如有异常,则将异常发现生前的数据作为原始数据进行约简,返回调用步骤3处理;否则将主存中的数据删除,释放存储空间。

步骤5:继续读入实时数据,重复步骤2。

从原理来看,这个算法可以一直在线。OPBRA算法仅需要较小的数据缓冲区,这是其一大优点。在数据缓冲区内,算法执行多项式约简计算,记录所得区段。然后,将被记录的片段所对应的时间序列数据从缓冲区清除,释放出空间读入新的数据。从直观上来分析:算法利用多项式趋势外推法,获得数据未来的走势范围。通过系统模型输出作为校正参考模型,判断出滑动窗口大小的上、下边界。这样"事先"搜索对应属于子区间的时间序列数据,并且将其作为一个单元整体读入数据缓冲区,当缓冲区的数据整合以后,使用多项式约简算法进行高质量逼近计算。同时,分段后的数据的部分被从缓冲区内释放,减小了数据存储空间,适合在线实时运算。由于在缓冲区内实行算法是D-P算法或者PBR算法,因此在分段断点位置和离线PBRA算法的结果一致。该算法的流程如图2-2所示。

文献[87]也提出了一种在线运算的曲线约简算法。但是,该算法没有预测功能,不能知道滑动窗口大小的上、下边界(该节选择初始缓冲区的2倍和1/2分别作为上、下边界,此种选择理论依据值得考证)。因此,该算

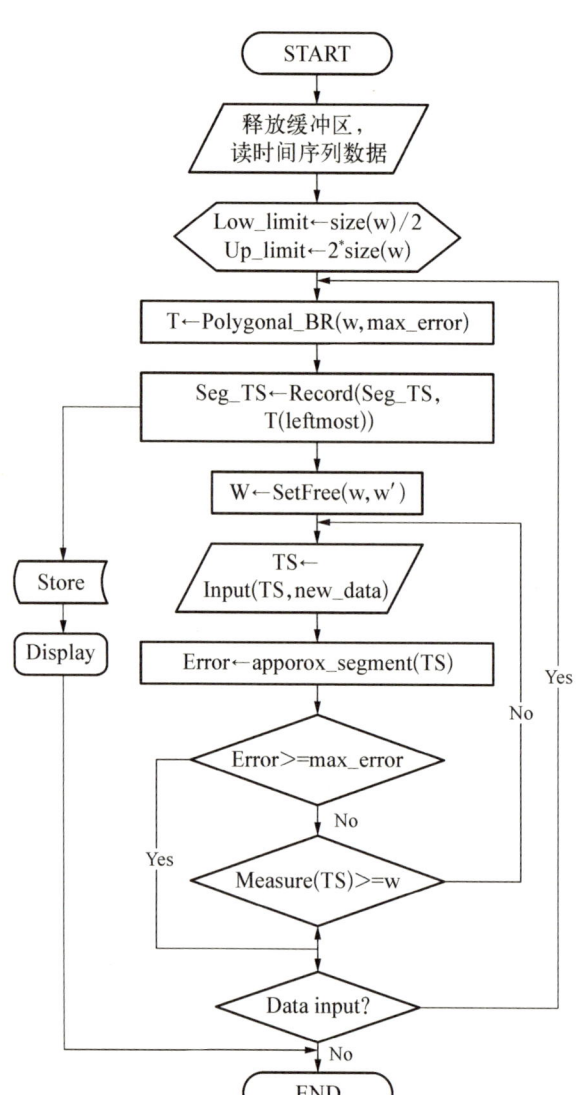

图 2-2 在线多边形边界约简算法

法需要有大量的人工参与,并且不能保证误差的存在。而本书算法模型建立在趋势外推的基础上,在基本的误差范围内最大容量的涵盖原始数据,这样可以快速地进行数据的计算,并且窗口大小(数据量的多少)的选择有理论依据。

2.5 随机投影降维

上节提出的约简模型是针对某一时间段时序数据整体来考察的,而实际应用中,往往需要对一段时间周期内不同的片段搜索其频繁发生项,或者不同时间长度的形态特征,因此本节讨论此类时序数据约简降维的处理法。

2.5.1 数学模型

随机投影在统计学界、生物信息学界应用较多。它是一种有力的维度约简的技术。它的本质形式就是矩阵变换,即对 $m \times n$ 矩阵,通过线性变换 $\widehat{T}_{k \times n} = R_{k \times m} \cdot T_{m \times n}$ 可以在 $k \times n (k \ll m)$ 空间中获得不改变本质属性的矩阵新形式。

本节提出的投影搜索算法可按照以下步骤进行[91]:

步骤1:利用滑动窗口沿给定的时间序列分别取出子序列。然后图2-3提出的模型,通过滑动窗口的移动,可以获得一系列如图2-3所示的符号表示,将这些符号表示存入事先定义的一个 $\widehat{S}$ 矩阵,这个矩阵称为特征矩阵(如式2-11所示)。矩阵 $\widehat{S}$ 的首列元素可以作为指向原序列上通过滑动窗口截取的子序列的指针。每一个滑动窗口一次所取得的子序列作为一个单元,经过分段平均计算后存入特征矩阵的某一行,将这一行符号(字母)串称为一个字。算法开始前要事先确定表示符号(字母)的多少,也就是表现分段特征的字母个数 l;还有滑动窗口的大小 n 和降维后的维数 w。

$$\widehat{S} = \begin{bmatrix} B & A & C & B \\ \vdots & \vdots & \vdots & \vdots \end{bmatrix}_{(m-n+1) \times w} \quad (2-11)$$

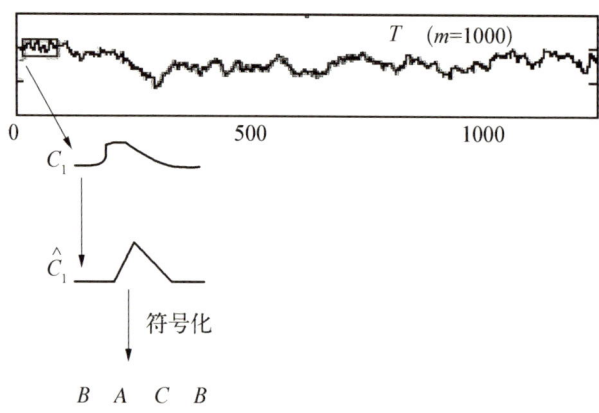

图 2-3　子序列特征符号化表示

步骤2：一旦$\hat{S}$建立，就可以进行随机摄影了。首先定义一个匹配积分矩阵，记录子序列匹配的积分。随机从矩阵$\hat{S}$中选择二列作为一对象(以图2-4为例)，如图2-4(a)选择第1和第2列，如果对应子序列i和j的字在

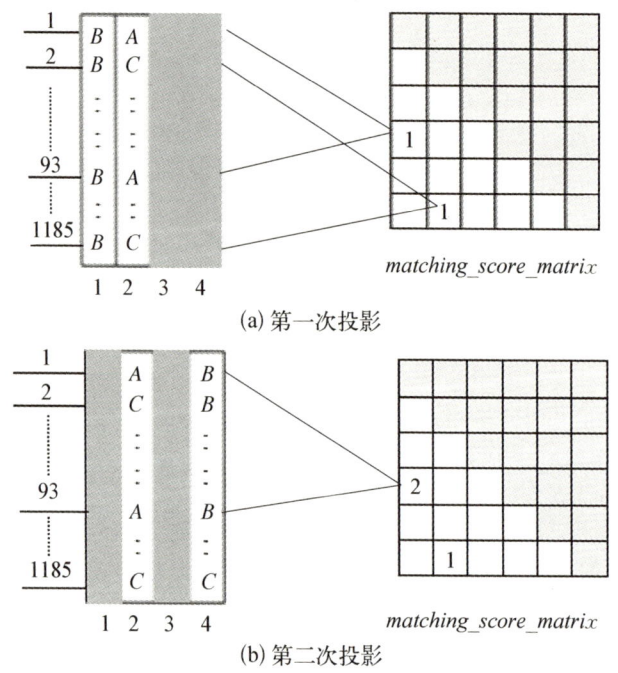

图 2-4　随机匹配和匹配积分矩阵

子空间上有相同的特征符号,那么在匹配积分矩阵中对应的第(i,j)就增加 1,该矩阵初始化为零阵。在本例中,$i=93$,$j=1$。特征符号所对应的 2 号和 1185 号子序列也因相同而在匹配积分矩阵相应的位置计数(如图 2-4(b))。每一次迭代匹配步骤中所使用的配对项不能重复在下一次匹配中使用。

在重复了一定次数以后,可以查验所得到的匹配积分矩阵。如果矩阵中的积分相对一致,表明数据集中没有特殊的模式。然而,如上例,匹配对(93,1)很可能有较大值,这说明第 1 行和第 93 行所代表的子序列有可能是匹配的,也就是说它们有可能是重复项或者是我们所感兴趣的片断。尽管积分足够大并不是存在特征模式的充分条件,但是至少可以作为有力的线索,而确认工作就必须直接访问原始数据。一旦发现所有在 C_1 和 C_{93} 的属于 R 范围内的所有匹配子序列,就可以通知用户,并且开始新的迭代。结束迭代有三种可能性:

(1) 事先确定固定步数的迭代;

(2) 当用户不想再花费更多时间可以终止迭代,包括用户对前几个重复项搜索结果已满意,或者不满意而终止当前计算的情况。通常需要修改算法参数,例如增大/降低子序列长度等;

(3) 当匹配积分矩阵中的最大值不再增加的时候,要终止计算。为了达到此目的,算法必须能实现判断出匹配积分矩阵中最大期望值。如何确定哪些是特征模式而非随机信息?解决问题的办法就是重复执行映射匹配 i 次,在进行一定的投影匹配次数以后,积分矩阵中的积分值将满足一定的正态分布,得分最大的对应选项就是要搜索的特征模式。

由文献[153]可知,在字长 w,语言原子数为 l,二者之间匹配小于误差 ε 的发生率为

$$p(l, w, \varepsilon) = \sum_{i=0}^{\varepsilon} C_i^w \left(\frac{l-1}{l}\right)^i \left(\frac{1}{l}\right)^{w-i} \qquad (2-12)$$

因为在特征提取的符号表示中采用了一定的手段(后章节详述),使之满足特征符号的选择是等概率的。而在匹配过程中是随机选取,因此两个字的特征相同的概率为

$$q(w, \varepsilon, t) = \sum_{i=0}^{\varepsilon} \left(1 - \frac{i}{w}\right)^n \qquad (2-13)$$

基于以上结论,可以知道如果有 k 个字(特征矩阵的行数),则匹配积分矩阵中的单元期望值为

$$Expect = C_2^k \sum_{i=0}^{\varepsilon} \left(1 - \frac{i}{w}\right)^n C_n^w \left(\frac{l-1}{l}\right)^i \left(\frac{1}{l}\right)^{w-i} \qquad (2-14)$$

一旦确定这个期望值,就可以大致确定随机匹配的迭代次数。

步骤3:在获得特征模式的线索以后,要对原序列数据进行比较。首先将匹配积分矩阵中最大的值所对应的行、列号所对应的原始子序列读出(在本例中 C_1 和 C_{58})。可以利用距离公式(如欧几里得距离、动态时间弯曲距离等)来量测它们之间的距离。假定这二个子序列距离在半径 R 范围内,则就可以认为是当前的特征模式。

匹配积分矩阵由其定义知是一个相当大的矩阵,对时间和空间复杂性需求很高。实际上可以预期这是个相当稀疏的矩阵。而因此只需要很少的计算时间。在最差的情况下,矩阵元素中非零个体数是迭代次数 i 的 $|\hat{S}|$ 倍(实际上要更小),由于迭代次数合理值在10到100范围内。稀疏匹配积分矩阵的大小与 $|T|$ 成线性关系。

总而言之,对带噪声时间序列投影时间复杂性是 $O(i|\hat{S}|)$,即 $O(|T|)$。而相比之下,用完全扫描法的时间复杂性是 $O(|T^2|)$,两种方法空间复杂性是 $O(|T|)$。

上述方法的核心是将周期内时序数据片段的比较利用平均值约简降维方法在低维度空间下进行比较,并计算频繁发生项来定义其相似程度。

2.5.2 理论证明

上述方法的核心是将周期内时序数据片段,通过窗口截取片段后进行线性平均或其他的处理(后文取斜率特征)方法,经由两两比较,统计频繁发生次数,构成积分矩阵的方式来找寻可能的重复发生,或称相似片段。本节给出详细的数学证明。

随机投影的理论基础是 Johnson‑Lindenstrauss 定理:

定理 2.4 (Johnson‑Lindenstrauss 定理):对任意一个小数 $0<\varepsilon<1$ 及整数 n,设 k 为一整数,且满足 $k \geqslant 4(\varepsilon^2/2 - \varepsilon^3/3)^{-k} \ln n$,则有对在 R^d 上的任意 n 维集合 X,存在映射 $f: R^d \to R^k (k<d)$,满足对所有 $p, q \in X$,

$$(1-\varepsilon)\|p-q\|^2 \leqslant \|f(p)-f(q)\|^2 \leqslant (1+\varepsilon)\|p-q\|^2$$

该定理说明在高维欧几里得空间中的一组 n 维数据点,可以内投影到一个 $O(\log(n \cdot \varepsilon^{-2}))$ 的低维欧氏空间,而任意两个数据点之间的距离仅改变一个小的因子 $1 \pm \varepsilon$。证明该定理的方法出发点是如何证明当矢量被投影到一个随机 k 维子空间上,其长度主要集中在平均值上,且它们的变形超过 $1 \pm \varepsilon$ 的概率最大不超过 $1/n^2$。所以,目标是在 R^d 空间上估计出单位矢量被投影到 k 维子空间上时的长度。

定理 2.5 设 $k<d$,有:

当 $\beta<1$ 时

$$P(l \leqslant \beta k/d) \leqslant \beta^{k/2} \left[1 + \frac{(1-\beta)k}{d-k}\right]^{\frac{d-k}{2}} \leqslant \exp\left[\frac{k}{2}(1-\beta+\ln\beta)\right]$$

当 $\beta>1$ 时

$$P(l \geqslant \beta k/d) \leqslant \beta^{k/2} \left[1 + \frac{(1-\beta)k}{d-k}\right]^{\frac{d-k}{2}} \leqslant \exp\left[\frac{k}{2}(1-\beta+\ln\beta)\right]$$

证明:设有随机变量子空间 S,q_i' 是 $q_i \in Q$ 在 S 上的投影矢量。那么,

设 $l = \|q'_i - q'_j\|^2$ 且 $\mu = (k/d)\|q_i - q_j\|^2$，应用定理 2.2，可得：

$$P(l \leqslant (1-\varepsilon)\mu) \leqslant \exp\left[\frac{k}{2}(1-(1-\varepsilon)+\ln(1-\varepsilon))\right]$$

因为 $\ln(1-x) \leqslant -x\left(1+\dfrac{x}{2}\right), x \geqslant 0$

$$\text{所以} \leqslant \exp\left[\frac{k}{2}\left(\varepsilon - \left(\varepsilon + \frac{\varepsilon^2}{2}\right)\right)\right] = \exp\left(-\frac{k\varepsilon^2}{4}\right)$$

$$\leqslant \exp(-2\ln n) = 1/n^2$$

与之类似，

$$P(l \geqslant (1+\varepsilon)\mu) \leqslant \exp\left[\frac{k}{2}(1-(1+\varepsilon)+\ln(1+\varepsilon))\right]$$

因为 $\ln(1+x) \leqslant x\left(1 - \dfrac{x}{2} + \dfrac{x^2}{3}\right), x > 0$

$$\text{所以} \leqslant \exp\left[\frac{k}{2}\left(-\varepsilon + \left(\varepsilon - \frac{\varepsilon^2}{2} + \frac{\varepsilon^3}{3}\right)\right)\right] = \exp\left(-\frac{k(\varepsilon^2/2 - \varepsilon^3/3)}{4}\right)$$

$$\leqslant \exp(-2\ln n) = \frac{1}{n^2}$$

选择映射 $f(q_i) = \sqrt{n/k}\, q'_i$，由上述定理和证明可知：对于点 i, j，发生变形 $\|f(q_i - q_j)\|^2 / \|q_i - q_j\|^2$ 超过范围 $[(1-\varepsilon), (1+\varepsilon)]$ 的概率最大值是 $2/n^2$。利用平凡一致限，顶点发生大的变形概率最多等于 $C_2^n \times 2/n^2 = (1-1/n)$。因此，重复投影 n 次可以将成功的概率提高到任意给定的值。

2.6　模型验证试验

随着电力行业中智能化数据技术的广泛应用，为了保证系统能安全、可靠运行,各种电力信息化平台被引入电力企业的生产、销售和服务等各个环节中。一般而言,电力信息化平台依照服务对象分为操作控制层和管理应用层,前者包括诸如 DCS、SIS、EMS、SCADA 等,后者包括 ERP、CRM、EAM、SCM 等。在实际运营过程中这些应用平台会产生海量包含众多类型的数据。本节以发电厂运载数据为例,验证前文提出的降维约简模型的可行性和效率。

2.6.1 发电厂运载参数实验

通常解析函数描述数据有两种方法:

(1) 线性插值:对子序列 $T[a:b]$ 的近似区段就是直接连接 t_a 和 t_b 线段,计算时间是定常的。

(2) 线性回归:对子序列 $T[a:b]$ 的近似区段非直接连接,而是用多条线段组成,每条线段的产生完全以最小误差平方和为目标函数的,计算时间与序列长度呈线性关系。

线性插值法倾向于将端点相连的最接近方式进行连接,使得最后形成的逼近曲线比较"平滑"。相反,线性回归对不同的数据序列有可能产生不连续的情况。从美学角度来讲,线性插值比较占优势,并且其计算复杂度比较低。因而在计算机图形学领域应用比较广泛。但是其逼近质量根据欧氏距离函数总体上要逊于线性回归。为了简明起见,选择线性回归方式。由于线性回归是误差平方和最小化,同时使欧几里得距离最小,而欧氏距离或其推广而得到的测度为时间序列数据挖掘领域所广泛应用。而线性插值由其定义可知,有较大的误差平方和。

本节对 D-P、SWA 和 OPBRA 算法进行比较。算法的性能主要取决于指标 max_error 的值,它是一个兼顾压缩率和逼真度的指标。当算法中的 max_error 为零时,则所有的算法有相同的性能,因为它们可产生

$n/2$ 个分段且无任何误差。相反,当 max_error 值变得很大的时候,算法同样呈现一致性,因为算法仅仅利用一条逼近曲线来完成近似任务。所以,必须使用一些与 max_error 的相关的最大误差属性值来作为评价、区分的量度。同时,因为这个"合理"的最大误差阈值是非常主观的,与数据挖掘应用领域和数据本身都有直接的联系。因此我们选取以下的评价方式:从数据集合中选择出认为是相对合理的 max_error 值,乘以 $2^i(i=1,2,\cdots,6)$ 用来得到 6 组不同的阈值。这一组结果中,当选择最小的倍率因子时($i=1$)是过拟合情况,而最大倍率($i=6$)对应的逼近则是最粗糙的近似,它们是两种极端情况,而中间的取值是比较合理的,也是考察的重点。

为了避免测试结果有偏,选择某电厂端线负荷差值数据为样本,起始时间为 2007 年 10 月 10 日 1:00,每隔半小时采样一次,到 10 月 15 日 13:00,采样了 250 组数据进行对比计算试验,如图 2-5 所示。

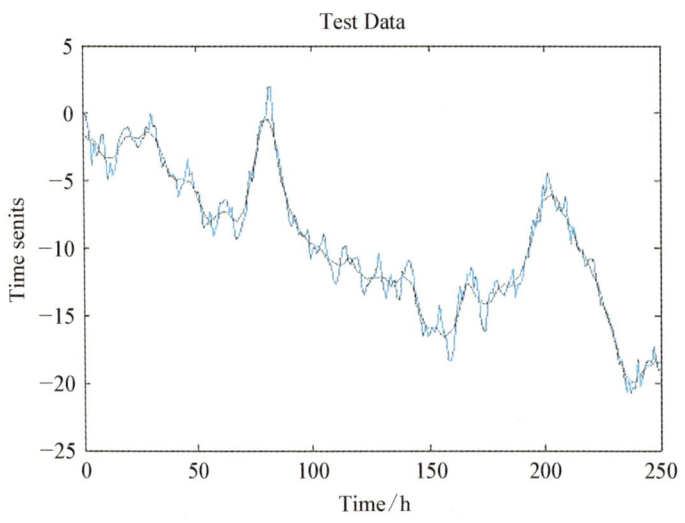

图 2-5 某电厂端线负荷差值数据

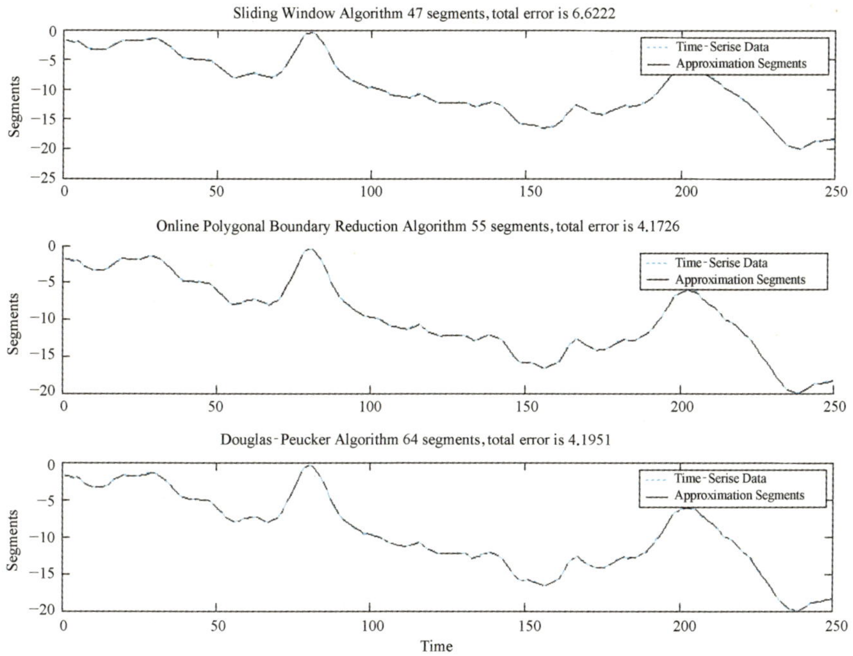

第 2 章 时序数据约简建模与应用

(a) $i=1$ 时分段表示结果

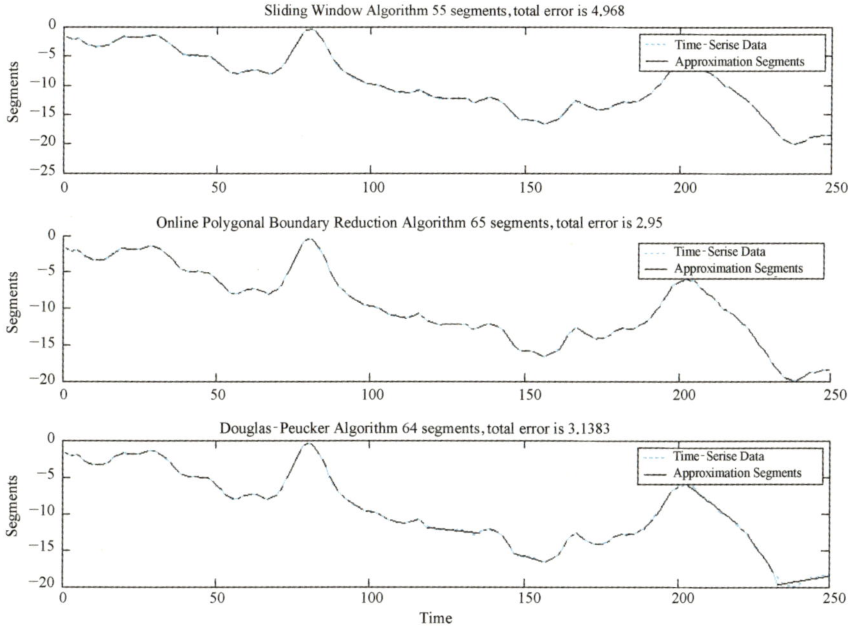

(b) $i=2$ 时分段表示结果

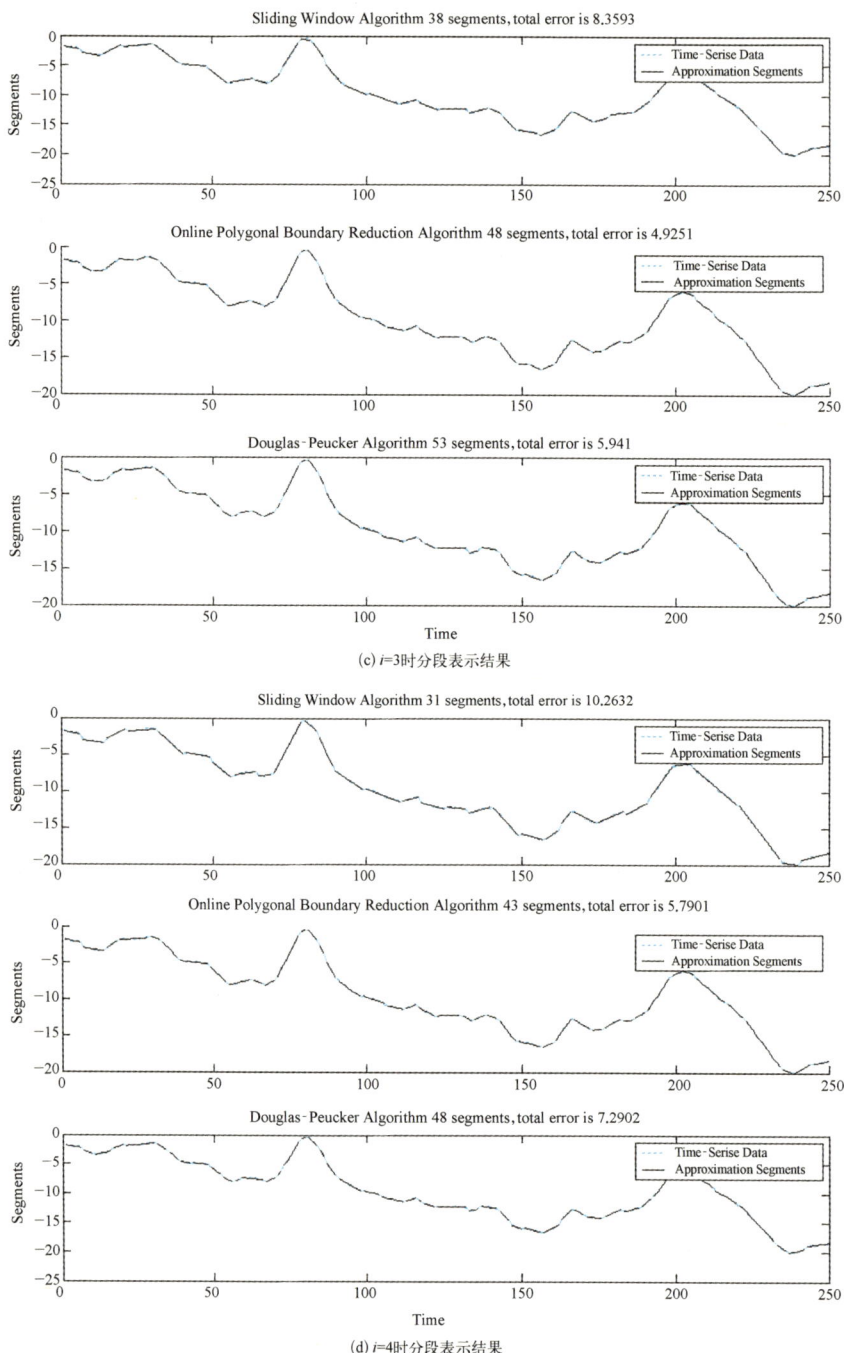

(c) $i=3$时分段表示结果

(d) $i=4$时分段表示结果

第 2 章 时序数据约简建模与应用

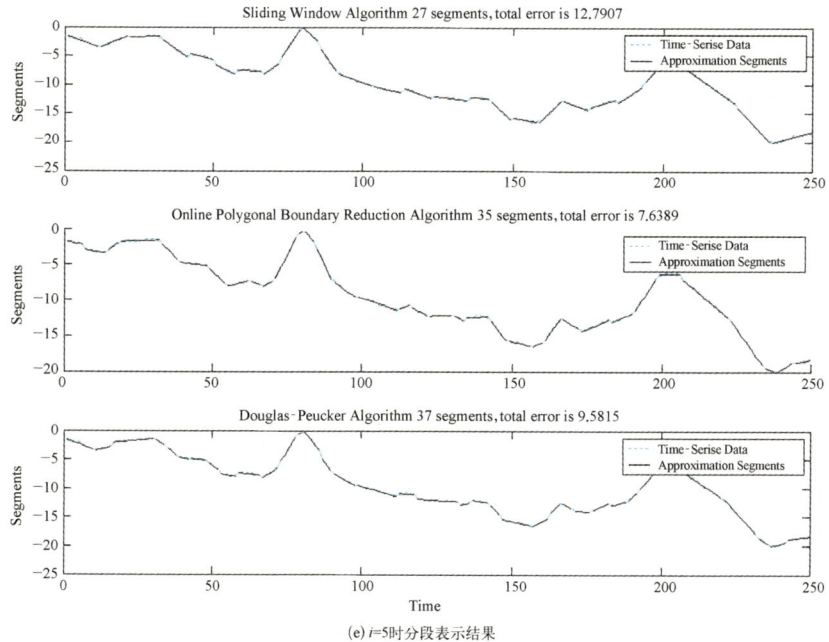

(e) $i=5$ 时分段表示结果

图 2-6　不同误差阈值下分段结果

从图 2-7 中可见,滑动窗口算法往往其分段数最少,但是逼近质量最差;而 OPBRA 算法不仅分段数少,而且精度最好。

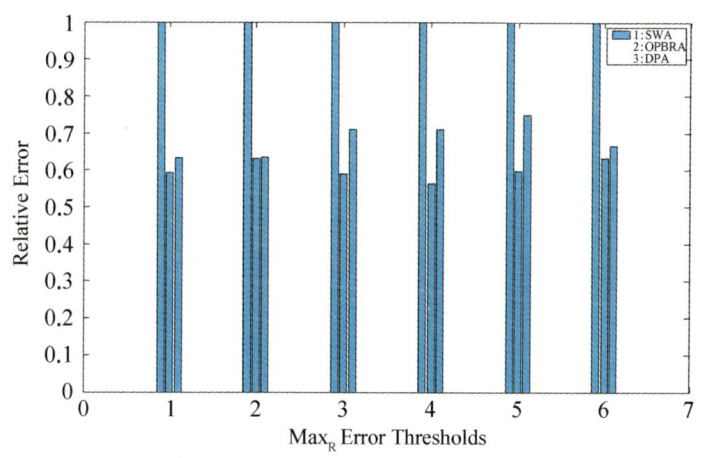

图 2-7　三种算法的性能比较

为了检验算法的效率,选择不同容量、不同特性的数据集作测试对象。同上文,选择同一实测发电机组 DCS 数据为样本,选取主蒸汽压力(146 天,每隔半小时采样一次,采样 6 875 组数据)、再热蒸汽温度(3 天内,采样 120 组数据)、给水温度比值(107 天内,每隔半小时采样一次,采样 5 000 组数据)3 个运行参数为采样值参数为采样值进行对比计算试验。对所有期望最大误差取相同值,倍率取 $i=2$ 和 $i=4$。

图 2-8 是三种算法结果比较,从图中可直观判断其他两种算法的误差都大于 OPBR 算法。为了对结果有一个直观分析,对每一分段的 max_error 进行规一化处理,即把相同的最大误差阈值条件下各算法误差除以三种算法中的最大误差值。图 2-9 就是不同算法的性能比较直方图。结果表明:算法可以存储空间基本大小不变的情况下"永远在线"。

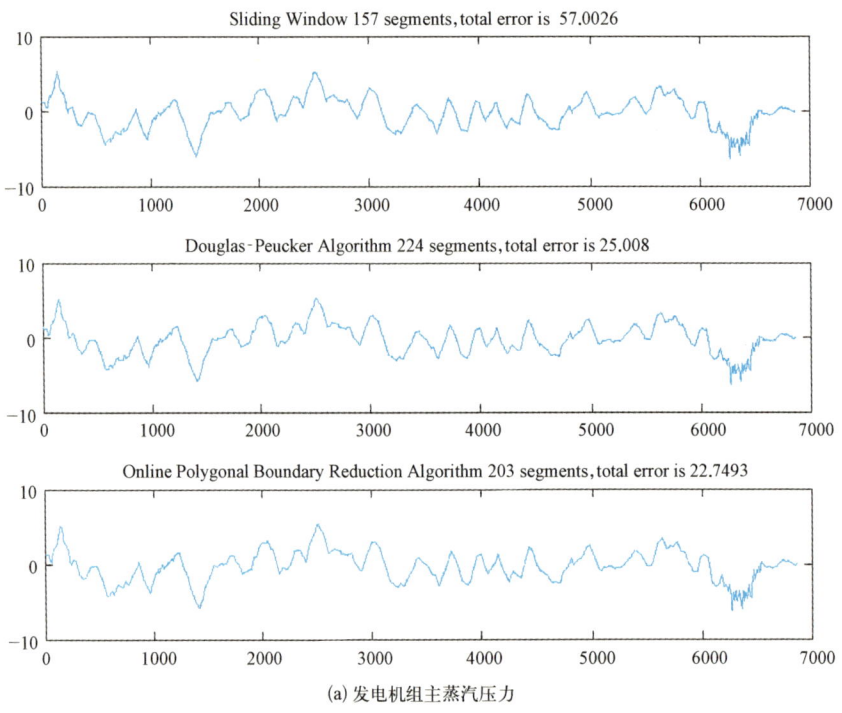

(a) 发电机组主蒸汽压力

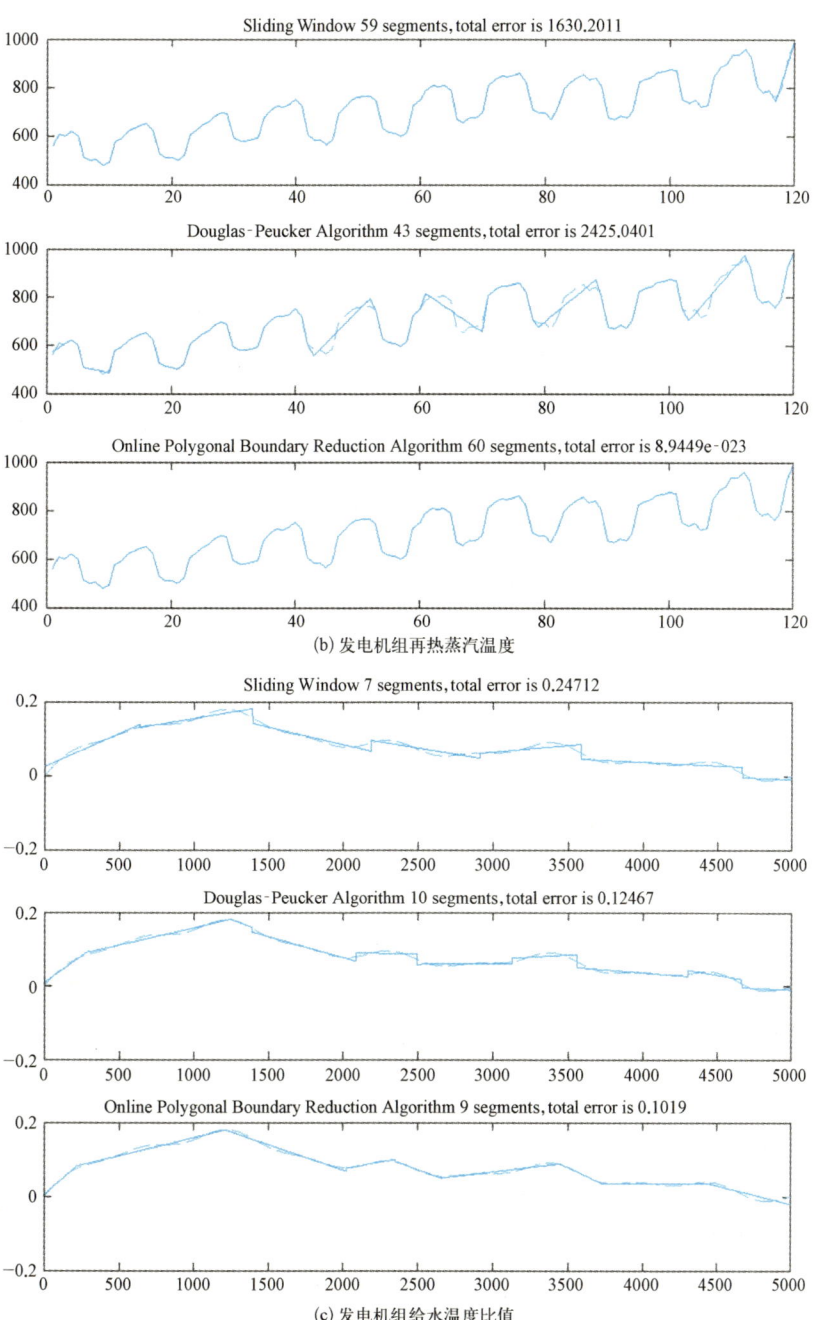

图 2-8 三种算法发电机运载数据表示结果

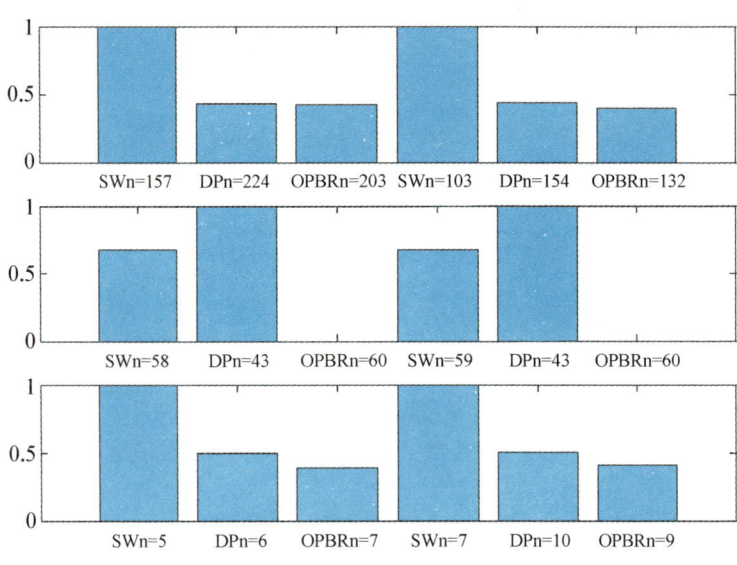

图 2-9 算法性能比较

2.6.2 实时分段平均算法实验

图 2-10 是来自实际电厂发电机组输出的时间序列数据,经过线性平均

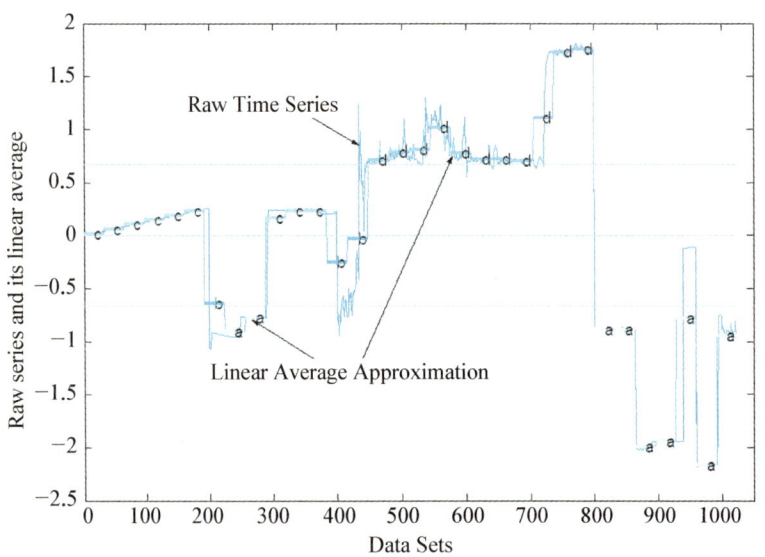

图 2-10 发电机输出序列及线性平均

之后,数据维数大大降低(由原来的 1 024 降至 32);可以看到,平均之后的区段可以用符号表示,这将对时间序列的模式发现有重要的启示作用。

2.7 本章小结

本章首先对时间序列的表示算法如滑动窗口算法、Douglas-Peucker 算法等从数据挖掘的角度进行了直观地分析和回顾。SWA 运算简单、直观,适用于动态逼近,但近似质量较差。D-P 算法精度较好,但计算复杂度较高。

其次,在综合 SWA 和 D-P 算法的基础上,提出了可在线实时运算的多边形约简算法,该算法实质是基于多项式函数拟合,综合利用滑动窗口算法的在线运算优点,利用趋势外推的启发式搜索自动寻找最佳窗口大小上、下界。从数学上证明了此算法可用不高的特征空间维数代价实现高压缩比数据索引,并可根据需要实现很高的重构精度,在各种解析度下,都能方便地知道重构精度。因此,有助于从理论上研究多边形约简算法的性能和发现新算法。此外,在对时序数据趋势感兴趣的应用场合,给出了线性平均算法并详细证明了其理论可行性,为后文算法作理论铺垫。

第三,在借鉴符号机器学习思想的基础上,提出了随机投影技术的时间序列模式表示算法。算法首先将长序列用滑动窗口截取等长度子序列,然后用线性分段法对子序列进行降维处理,而后对符号特征进行随机投影计算,算法的意图就是将数据对象(时间序列)投影到更低维的子空间上进行比较。文中给出了详细的数学证明和应用实例,为后续章节新型测度下相似性搜索和形态概念树的生成提供了技术前提。

第四,发电厂运载参数实验结果表明,本章算法计算复杂度仅与数据量呈线性关系,只需一定常数据缓冲区就能进行在线的、高质量的序列数据线性分段逼近。

第3章
新型距离测度模型与电力价格突变预测

在充分竞争的电力市场环境下,电力作为一种商品,其价格是整个市场的核心,电价的波动影响到各种上下游资源在电力市场中的流动和分配。实现电力商品化市场交易可以促使电力生产与消费的各方参与者相互博弈竞争,推动资源优化配置,提高资源使用效率。在这类电力市场中,实时交易价格取代传统静态计划电价。电价的确定不仅受到发电、输配电成本的影响,供需匹配度的变化、市场规则、政策因素等也会引起短期扰动或中长期趋势性变化。电力市场供需双方从避险角度出发都希望电价在一定周期内有一定的可预测性。售卖方希望通过降低售电价格确保尽可能多的发电份额。买方则更希望签订长期购电合同。但实时竞价交易中,受发电公司报价策略、负荷需求预测、网络约束、安全备用、可靠性规则等因素影响,电价易受干扰、预测困难,存在较大的不确定性特征。

多年的市场实践证明,无论是基于节点边际价格或是双边交易的电力市场中,某些节点、时段会出现价格异常。尤其在高峰负荷时段以及周末、节假日出现"价格突变"时预测结果存在较大的偏差。这种电价尖峰值常常在很短的时间内出现并达到正常电价的几十倍甚至数百倍,要准确地检测和预测是比较困难的。不仅如此,价格突变的存在使得常态电价预测遇到可能的干扰,因为此类预测往往基于历史数据和长期经验规则。虽然价

第3章 新型距离测度模型与电力价格突变预测

格突变出现的频率不高,但因其出现无规律性且数值极大,将对电价的预测造成影响。

书中提出了一种基于新型距离测度——动态时间弯曲的价格突变预测方法,对未来交易时段内可能出现的突变进行识别预测,结果表明该方法是有效的。

3.1 电力价格预测

3.1.1 相关工作简述

在当前电力市场重构的进程中,电力价格的制定将由市场中的不同参与者,即发电公司和需求消费者共同决定。在逐步开放的市场体系中,电力需求和价格预测已经成为电力工程中的一项重要研究课题。大量的研究人员和学术机构亦正从事此类负载-价格预测工具和算法的开发。实际上,负荷预测的精度已经可以达到平均绝对误差小于3%的水平,可以认为是相对成功的研究应用领域;而对于价格预测而言,现有研究尚属从模型走向成熟应用的早期阶段。在实际电力市场中,价格变化要较负荷变化更为复杂,主要有以下特征,如高频率、非定常的平均值和变量、季节性相关特性、节假日效应、高波动性和非常规价格异动出现频率大等。出现此类状况的原因归结起来有以下几种:① 电力资源无法存储;② 供需间需要保持常态平衡;③ 短期需求缺乏弹性(刚性需求);④ 寡头垄断生产经营等。除此之外,市场平衡同样被生产和负荷侧的非确定性所影响。因此,电价预测工具对于市场参与者各方,在开放市场环境下的存活、发展均是至关重要的。

即便是准确的负荷预测也不能保证电力企业一定达到高收益与低的市场风险的期望目标,因为电力价格在交易过程中的波动相当巨大。学术界已经发表了一系列相关议题的评论研究,但基本上仍着重于定性方面的研究,缺乏必要的定量分析工作。

通过对近年来的相关技术的研究比较,可以发现:电力价格的预测误差,从风险管理的角度而言依然十分巨大,而且不同应用场合的实验结果很难进行比较。许多电力市场仍处于封闭或半封闭状态,因而研究人员只能在可获取的小样本数据集上进行预测工具的分析研究和实验验证,同时,对于存在价格突变可能的电价综合预测更是鲜有报道。

3.1.2 电力价格预测方法论

电价预测模型的研究可以分为两类,一是负荷预测研究;二是直接电价预测研究。迄今,从负荷预测的角度探索电价制定规律已取得较为成功的结果。尤其是短期负荷预测(Short-term Load forecasting, STLF),时间跨度从1小时到一周。而直接的电价预测模型研究,尚未达到完全应用的水平,基本处于研究向应用转化的初级阶段。

总体而言,电价预测的方法可以分为三大类:

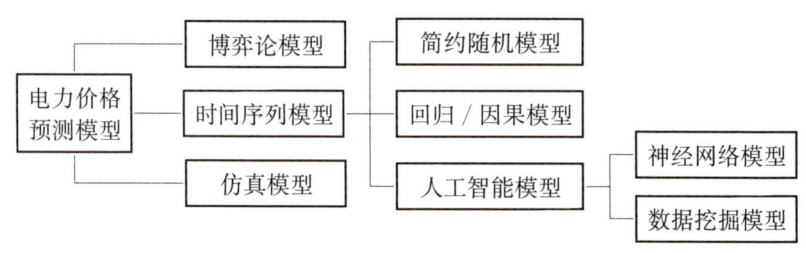

图 3-1 电价预测模型分类

1. 博弈论模型

将市场参与者的策略(博弈)模型化,并寻找策略(博弈)的解决方法。在垄断电力市场条件下,交易一方往往将招投标价格曲线偏离实际边际成本,已获得最大收益,这便是该模型的初始条件。模型包含了博弈和价格演进的数学方程式,可以看作是一类电力市场博弈的输出量。在这一组模型中,平衡模型将市场平衡分析作为关键。

2. 仿真模型

该方法首先建立电力系统的精确模型,并利用覆盖全流程的物理现象的求解算法来寻对实际电价的模拟预测。基于模型和流程,仿真模型方法的价格预测部分模拟带有系统操作需求和限制的实际输配电系统,意图解决整个系统范围内求解安全约束最有潮流。这种方法可提供系统价格的详细状态。然而该类模型也会受到实际的局限:其一,该类模型的模拟仿真需要电力系统运行的详细数据,其二是仿真模拟操作复杂且计算成本相当高。

3. 时间序列模型

时间序列分析是一种预测方法,它关注于独立变量的历史行为,有时局外变量同样也能包含到时间序列结构中去。基于时间序列,有三种类型的模型。

(1) 简约随机模型

大量的金融领域研究文献都采用随机模型,并使用一些广泛被使用的有效方法来求解。如自回归、滑动平均、自回归滑动平均、自回归积分滑动平均、广义自回归条件异方差等单离散类模型,这类离散模型是相对应于连续时间随机模型的。纯金融类的随机模型亦包含特定的电力价格特征,如价格突变和回归平均值等。

随机时间序列模型可分为平稳过程和非平稳过程。对于误差项平稳性的基本假设是零均值和常变量。

(2) 回归/因果模型

回归类的预测模型是基于独立变量(电价)和一些已知或能被估计出来的非独立变量间的数学关系。价格用一些局外变量函数模型表示,模型的解释变量根据非独立变量与价格变量(独立变量)的相关分析来辨识。

(3) 人工智能模型

人工智能模型可以认为是一种不采用基本过程的输入-输出关系映射的模型,它被认为有能力学习当前模型很难解决的复杂和非线性关系。这类模型可以进一步划分成两大类:一是人工神经网络模型;二是数据挖掘模型。

人工神经网络能够捕捉时间序列的自身结构,甚至是未知的或复杂难以描述的序列结构。定量预测是基于对历史事件观察过程中提取相应的模式,并将其外推到未来时间点,人工神经网络是一种能比较好处理这类需求的解决方案。可用的神经网络模型包括:① 多层前向神经网络;② 径向基网络;③ 支持向量机;④ 自组织映射;⑤ 神经网络委员会以及⑥ 递归神经网络等。

近年来,数据挖掘技术,如贝叶斯分类、k 最小邻近分类、基于分类的推理和遗传算法在数据解释和推理中得到广泛的注意。

3.2 电力价格突变

在电力商场中,宏观上来看,电力价格序列、负荷序列都看作具有明显的周期性等间隔的时间序列。但是负荷序列的周期规律性、区间稳定性总体比电价序列要好,电价序列的变化比负荷序列的变化复杂得多,特别是电价序列中一些突变的"毛刺"使电价序列变化很大。这类异常数据使得电价的预测被干扰,导致预测健康度下降,进而影响电力供需间的平衡。

价格异常主要表现为时刻 t 的市场价格与 $t-1$ 时刻发生明显变化。这个异常的价格可能持续几个时间周期,具有一定的随机性。从以往发生的状况来看,可以将价格异常概括为 3 类,即:① 价格过高(某时点价格远大于期望值);② 价格突变(两相邻节点的价格差远超合理范围);③ 负价格(某时点价格小于零)。其中在电力市场中发生频率最高的是第 2 类状态,其往往就像"钉子"一样从价格序列中冒出来,因此这类价格通常也被称为"钉子"价格(Price Spike)。

价格突变反映了电力市场的价格风险,不利于建立公平稳定的电力市场价格体系,是目前电力市场运行中存在的一个较为普遍的问题。

价格突变不仅仅是指那些远远高于平均电价的值,还包括一些数值极低的电价甚至是负电价。通常,有以下几种定义[92]:

(1) 按照历史平均值定义

设 μ 历史电价平均值,δ 为标准偏差,P_V 定义为样本数据的阈值,满足以下关系:

$$P_V = \mu \pm 2\delta$$

则超出阈值 P_V 范围的电价值被定义为价格突变。

(2) 按照经验阈值定义

根据对不同电力市场下电价分布的历史经验定义阈值 P_τ,则 $P > P_\tau$ 的电价被定义为价格突变。

(3) 按照相邻点电价差定义

$P(i)$ 代表某一时段的参考电价,与相邻时段的电价差值用 $\Delta P(i)$ 来表示

$$\Delta P(i) = |P(i) - P(i-1)|$$

如果 ΔP 表示最大电价正常波动值,那么 $\Delta P(i) > \Delta P$ 时的电价则被认为是价格突变。

(4) 负电价定义

电力市场中有极少数 $P < 0$ 的电价存在,被定义为负值型价格突变。

对于不同的电力市场,经验阈值的大小是不同的。本书模型中价格突变的定义形式选择在以上所有的定义中最简单也是最常用的经验阈值定义。

随着国内区域电力市场建设的逐步推进和深入,市场结构日趋复杂,市场所面临的不确定因素也逐渐增多。分析市场价格变化的原因,制定完善的市场交易规则,将有利于规避市场运营的价格风险,从而建立高效公平的市场环境。

近年来,电力价格预测模型在研究开发中,很少考虑到价格突变的发生,而就上节所述,电价在一定条件下触发的剧烈变动,对供需双方都有重大的影响,是值得研究的重要领域。本节第3章和第4章将就考虑电力价格突变发生的电价预测进行研究,得到相关的分析预测模型。

3.3 新型距离测度研究

为了基于数据挖掘方法,进行电价突变的预测,先针对数据挖掘的相似性测度等问题做以理论阐述,而后提出电价预测模型。

近年来,相似性算法研究越来越受到关注。Keogh 和 Pazzani 等人提出的可伸缩的时间序列分类挖掘算法等[93]。许多统计学方法被应用于时间序列的分析中去,但是实际上几乎所有的算法都涉及计算序列间的相似性问题。现在用得最多的相似性测度是欧几里得距离,或者在此基础上的一些改进技术。但经分析,发现这种欧氏距离测度存在一定的局限性。其主要原因是欧氏距离作为相似测度,对时间序列数据在时间轴上的数据形状扭曲变形没有一定的辨识能力,对数据噪声的鲁棒性不强。在电力系统的负荷预测中,并不一定要求匹配的子序列在时间轴上完全一致。换句话说,若子序列间只要有相似的形状,不管序列内部存有间隙、偏移或振幅差异的情况也都可以认为是匹配的。这在相似序列分析中尤为重要,因为庞大的负荷数据库中,几乎找不到完全相同的变化曲线。因此,研发适合时间序列数据挖掘的相似性搜索算法就成为取得成功的关键。

3.3.1 动态时间弯曲

动态时间弯曲(Dynamic Time Warping,DTW)起初被应用于文本数据匹配和视觉模式识别的研究领域。研究表明这种基于非线性弯曲技术的算法可以获得很高的识别、匹配精度。Berndt 和 Clifford 将 DTW 的概念引入小型时间序列分析领域,在初步的实验中取得了较好的结果[94]。但是,随着数据存储量的急剧增大,尤其是数据仓库的出现,对海量时间序列数据的挖掘算法使用动态时间弯曲技术需要进一步研究。

1. 基本概念

设两时间序列 Q 和 C,其数据长度分别为 n 和 m,有:

$$Q = q_1, q_2, \cdots, q_n$$
$$C = c_1, c_2, \cdots, c_m \quad (3-1)$$

为了利用 DTW 将两个时间序列对准,事先定义距离相异矩阵。

定义 3.1 n 行 m 列矩阵,矩阵中的元素为不同时间序列数据对象之间的点的欧几里得距离,即 $d(q_i, c_j) = (q_i - c_j)^2$ 为距离矩阵。

$$D\_matrix = \begin{bmatrix} d(q_1, c_m) & d(q_2, c_m) & \cdots & d(q_n, c_m) \\ d(q_1, c_{m-1}) & d(q_2, c_{m-1}) & & \\ \vdots & & \ddots & \\ d(q_1, c_1) & & & d(q_n, c_1) \end{bmatrix} \quad (3-2)$$

矩阵中的 $d(q_i, c_j)$ 是两个时间序列数据点 q_i 和 c_j 之间的距离值,可以看作是对象 q 和对象 c 之间的相异性的量化表示。当对象 q 和 c 越相似或越接近时,其值越接近 0;两个对象越不相同,其值越大。将两个时间序列分别置于二维坐标的两轴,如图 3-2 所示。进而可以定义弯曲路径。

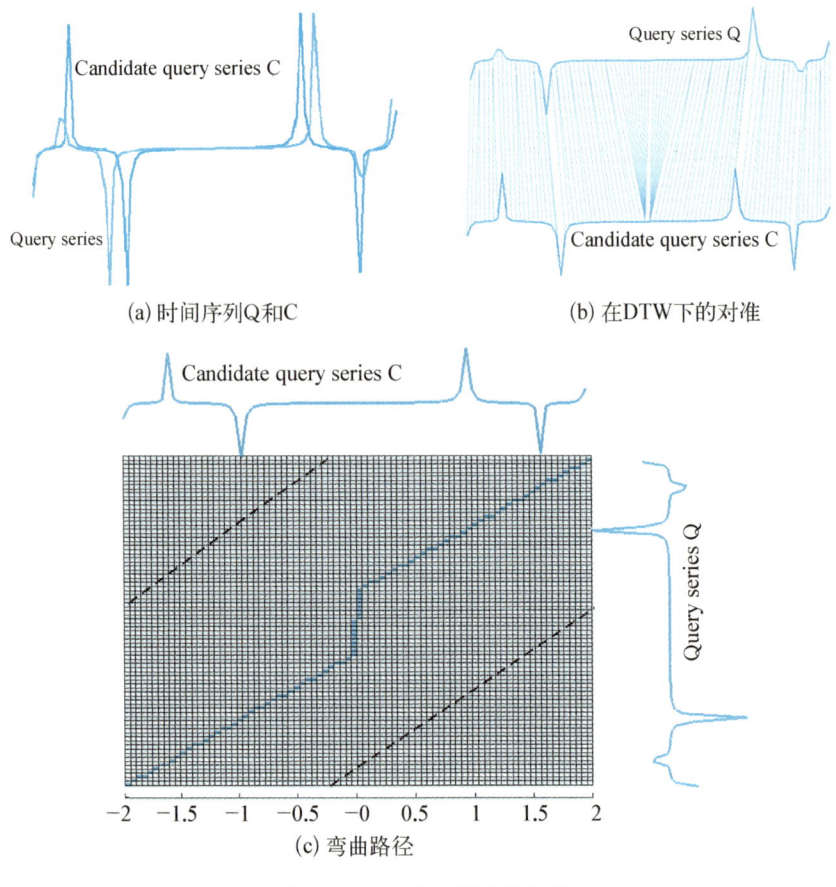

图 3-2 动态时间弯曲实例

定义 3.2 在二个不同时间序列间的距离矩阵中,定义时间序列间相异性关系的一组连续的矩阵元素的集合,称为弯曲路径。

$$W = (w_1, w_2, \cdots, w_k \cdots w_K) \qquad (3-3)$$

弯曲路径 W,是一连续的矩阵元素集合,它确定了在 Q 到 C 之间的映射关系。W 的第 k 个元素被定义为 $w_k = (i, j)_k$。

基于两种测度的时间序列分析时,数据对准的表现方式是不相同的,如图 3-3 所示[95]。

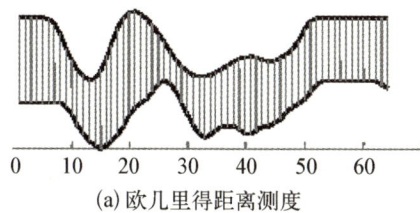
(a) 欧几里得距离测度

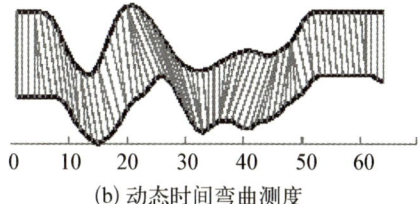
(b) 动态时间弯曲测度

图 3-3 两种距离测度的比较

从 DTW 的定义可知,只见弯曲距离可以应用于两个任意长度的时间序列比较,并不需要像欧几里得距离那样要求两个比较序列长度相等。因此,DTW 对不同长度时间序列数据的数据相似性比较有重要的作用。不同长度的时间序列有两种不同形式:① 当序列有不同的采样频率时,如一序列采样周期是分钟,而另一采样周期是秒;② 时间序列的起始点不是同一时间点。对于这两种情况,研究的重点不是序列上每一个具体的数据点,而是这些序列在时间轴方向上的波动模式。

2. 性质

由定义 3.2 可知,弯曲路径满足以下条件:

(1) 有界性:即 $\max(m, n) \leqslant K \leqslant m+n-1$。

(2) 边界条件:$w_1 = D\_matrix(q_1, c_1)$ 与 $w_K = D\_matrix(q_n, c_m)$,即弯曲路径的起止元素为距离矩阵的斜对角线上的两端元素。

(3) 连续性:给定 $w_k = D\_matrix(q_a, c_b)$,$w_{k-1} = D\_matrix(q_{a'}, c_{b'})$,必须 $a-a' \leqslant 1$ & $b-b' \leqslant 1$,即弯曲路径中的元素是相互连续的。

(4) 单调性:给定如式(3-3)必须 $a-a' \geqslant 0$ & $b-b' \geqslant 0$,也就是说路径 w 通过点 (i, j) 同时必须至少通过点 $(i-1, j)$,$(i-1, j-1)$ 或 $(i, j-1)$ 中的一个,强制保证弯曲路径在时间轴上是单调的。

(5) 不满足三角不等式。

证明：假设有序列 $\vec{x}=(0), \vec{y}=(1,2), \vec{z}=(1,2,2)$，根据 DTW 定义有：

$$DTW(\vec{x},\vec{z}) > DTW(\vec{x},\vec{y}) + DTW(\vec{y},\vec{z})$$

得证。

3. 限制条件

除了上节介绍的数学意义上的限制条件之外，在实际应用中还需要限制弯曲路径的行走区域。为了矩阵处理方便，应该把弯曲路径的摆动范围限制在距离矩阵的斜对角线两侧附近，如图 3-4(a)中虚线所示的范围。因此，在不考虑区域外的距离相似因子的情况下称这种弯曲路径的子集为弯曲窗口，如图 3-4(b)所示，这是不同学者提出的不同弯曲窗口方案[96-97]。弯曲窗口的设置主要有两个原因：第一，可以加快 DTW 算法的速度。DTW 算法的计算复杂性是 $O(mn)$。在时间序列数据挖掘应用中，往往要进行整体匹配（whole sequence matching）和子序列匹配（subsequence matching），在这两种情况下，计算复杂性将达到 $O(n^2 X)$，这在许多实时分析系统中是不能被接受的。因此对弯曲路径摆幅的限制是

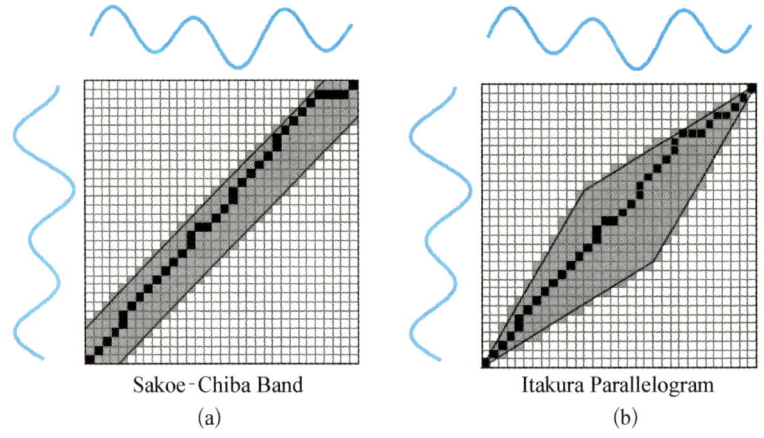

图 3-4 弯曲路径的全局限制

有必要的。第二,防止逻辑上的病态弯曲路径的出现。在子序列匹配算法中,设当序列 Q 长度远远超过序列 C,则在进行 DTW 计算时,距离矩阵将会有庞大的维数,而在矩阵左上角和右下角的元素代表在时间轴上有极大相位偏移的两个数据之间的距离。在时间因素非常重要的电力系统分析预测中,时间偏移量过大是没有实际意义的,从逻辑上来看应该予以忽略。

3.3.2 动态编程技术

对距离矩阵分析可知,弯曲路径存在多解,但是我们关心的实际上仅仅是弯曲路径总长度最小的,在逻辑意义上,两个时序数据相似性程度最大(距离值最小)的作为相似搜索的判据,如下式:

$$DTW(Q, C) = \min \left(\frac{1}{K} \sum_{k=1}^{K} w_k \right) \tag{3-4}$$

式中,分母 K 是为了在比较不同长度的路径时有统一的标准而设置的补偿量。

理论上,可以利用穷举搜索法寻找满足条件的弯曲路径,但是完全穷举在大型数据库分析中往往是不切实际的,因为路径的解很多,且与距离矩阵中的元素数成指数关系。因此就有必要使用优化方法找出最短路径。

假设给定从点 (q_1, c_1) 到点 (q_n, c_m),两点间的路径为

$$S[(q_k, c_k) \mid (q_{k-1}, c_{k-1})] = S_T[(q_k, c_k) \mid (q_{k-1}, c_{k-1})] + S_N(q_k, c_k) \tag{3-5}$$

定理 3.1 (Bellman 优化理论)

$$(q_1, c_1) \rightarrow (q_n, c_m) \equiv (q_1, c_1) \rightarrow (u, v) \oplus (u, v) \rightarrow (q_n, c_m) \tag{3-6}$$

式中,q_1,c_1,q_n,c_m,u and v 均被包含于点(q_1,c_1)到点(q_n,c_m),符号$\oplus$表示路径片断的串联。

由 Bellman 优化理论得到启发,不必对所有路径用穷举法来搜索最优解,只需要由时间起始点$(1,1)$到终点(m,n)之间的局部最优解通过递归搜索获得[97]。即:

$$S_{1,1}=d(q_1,c_1);$$
$$S=d(q_i,c_j)+\min\{S(i-1,j);S(i-1,j-1);S(i,j-1)\}$$

(3-7)

最终弯曲路径最小累加值为 $S_{m,n}$。从 $S_{m,n}$ 起沿弯曲路径按最小累加值倒退直到起始点 $S_{1,1}$ 即可找到整个弯曲路径,算法的伪代码如下:

表 3-1 动态时间弯曲算法

```
Algorithm distance=DTW(query, can_seq)
global matrix; M; N; Warp_W;
M←length(query);
N←length(can_seq);
Warp_W←ceil(min(M, N)/2);
matrix (1; m, 1; n);
distance =sqrt (d (M, N));
path = extract_path (matrix);
function dist=d(m, n)
if |n-N*m/M|>Warp_W
matrix (1; m, n; N)←nan;
or matrix (m; M, 1; n)←nan;
end;
if matrix(m, n)<0|isnan(matrix(m, n))
return;
end;
if m=1&n=1
   dist=matrix(1,1);
elseif m=1
dist=(matrix(m,n))+d(m,n-1);
end;
```

续 表

```
elseif n=1
dist=(matrix(m,n))+d(m-1,n);
    end;
[value, location]←min(d(m-1,n-1), d(m-1,n), d(m,n-1));
dist←matrix(m,n)+value;
end;
function path=extract_path(matrix)
while (cell(1)>1|cell(2)-1)
dist(1)←matrix(cell(1)-1, cell(2)-1);
dist(2)←matrix(cell(1)-1, cell(2));
dist(3)←matrix(cell(1), cell(2)-1);
[value,location]←min(dist(1),dist(2),dist(3));
if location=1
    cell←cell-[1 1];
elseif location=2
      cell←cell-[1 0];
end;
    else cell←cell-[0 1];
path←[path, cell];
end;
```

算法先考察数据的位置,如果落在弯曲窗口之外,则将其用 NaN 替换。然后按照式(3-4)递归调用函数 $d(m,n)$ 找出最小弯曲路径长度。最后,调用 extract_path 函数找出弯曲路径所经过的距离矩阵元素,这样就可以获得时间序列数据不同对准的结果,其表现形式如图 3-4(b)。

3.4 快速动态时间弯曲

3.4.1 边界定理

设有两个对象 Q_1 和 Q_2(如等长度的时间序列)以及它们之间的距离函数 $D_p()$(如欧几里得距离),$F(Q_1)$,$F(Q_2)$ 分别是对象 Q_1 和 Q_2 在特征空间的两个特征向量,有:

定理 3.2　在实行数据降维过程中,要保证在查询过程中不因为对原数据经特征提取,而人为导致最后查询结果不完整,即产生"漏报",特征提取函数 F 应满足下式：

$$D_p(F(Q_1), F(Q_2)) \leqslant D_p(Q_1, Q_2) \qquad (3-8)$$

这就是边界定理[98]。边界定理是保证时间序列数据挖掘的相似性搜索算法不产生漏报的基本条件,对每一个新的特征空间(降维方法)都应有严格的数学证明,才能从理论上保证算法的可行性。

3.4.2　分段平均动态时间弯曲

将基于分段线性表示的序列基础上的动态时间弯曲称为分段动态时间弯曲(SDTW)。为了将两个序列对准,同样要先构造一个距离矩阵 D_matrix,经分段后的标记方法,如图 3-5 所示。矩阵中的元素为两序列对应数据之间的欧几里得距离。

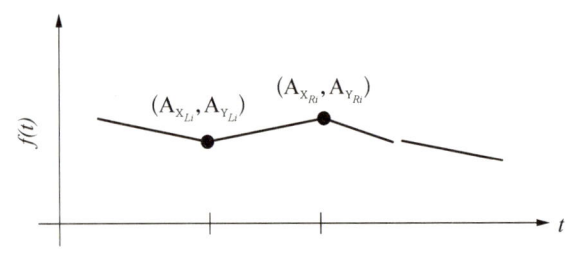

图 3-5　时间序列的线性分段表示

$$d(Q_i, C_j) = [(QY_{L_i} + QY_{R_i})/2 - (CY_{L_j} + CY_{R_j})/2]^2 \qquad (3-9)$$

除了距离矩阵的改变之外,搜索算法也相应作改变。如下式：

$$S_{1,1} = d(Q_1, C_1);$$
$$S = d(Q_i, C_j) + \min\{S(i-1, j); S(i-1, j-1); S(i, j-1)\}$$

$$(3-10)$$

在 DTW 中,如式(3-4),通过 K 来补偿因为不同弯曲路径长度引起的问题。同样对 SDTW,也应该有适当的调整机制。但是由于弯曲路径 W 中的不同元素 w_i 对应着不同长度的线性区段,因而 K 仅能近似表示弯曲路径的长度。此外,希望 SDTW 对准的数据对象与一般的 DTW 相同,这样容易对两种方法进行比较。通过扩展递归式(3-10)可以完整地测量基于 SDTW 的路径长度,即在原有递归的基础上增加一个附加的变量: $\max([QX_{R_i} - QX_{L_i}], [CX_{R_j} - CX_{L_j}])$。因为,弯曲路径长度的测量与 DTW 方法的相同。所以有:

$$SDTW(Q, C) \cong DTW(Q, C) \qquad (3-11)$$

SDTW 方法的计算复杂性是 $O(mN^2/n)$,N 为线性分段数。这就意味着使用 SDTW 方法的可以较普通未带弯曲窗口的 DTW 方法快 n^2/N^2 常数倍,主要因为使用了线性分段表示的序列数据作为研究对象。

下面给出证明本节提出的新的距离测度满足边界定理。设有向量 z,且 $\bar{z}$ 是向量的算术平均值,定义 $\Delta z_i = \bar{z} - z_i$,可以得 $\sum \Delta z_i = 0$。

证明:假设 $\sum \Delta z_i = 0$

由定义可得:$\sum \bar{z} - \sum z_i = 0$

因为 $\bar{z}$ 是一个常数,则有 $s\bar{z} - \sum z_i = 0$(s 为 z 的长度)

又有 $s \cdot s^{-1} \sum z_i - \sum z_i = 0$

消去 s 得到 $\sum z_i - \sum z_i = 0$

得证。这个结果对下面的证明有用。

假设现在有时间序列 X 和 Y,且长度相等 $|X|=|Y|=n$,设 $\bar{x},\bar{y}$ 分别是对应的变化后向量。要证明

$$\sqrt{\sum_{i=1}^{n}(x_i - y_i)^2} \geqslant \sqrt{n/N}\sqrt{\sum_{j=1}^{n}(\bar{x}_j - \bar{y}_j)^2}$$

为简便起见,设 $N=1$。

证明：假定

$$\sqrt{\sum_{i=1}^{n}(x_i-y_i)^2} \geqslant \sqrt{n}\sqrt{(\bar{x}-\bar{y})^2}$$

成立，则有 $\sqrt{\sum_{i=1}^{n}(x_i-y_i)^2} \geqslant \sqrt{n(\bar{x}-\bar{y})^2}$

两边非负，$\sum_{i=1}^{n}(x_i-y_i)^2 \geqslant n(\bar{x}-\bar{y})^2$

代入定义式得：$\sum_{i=1}^{n}((\bar{x}-\Delta x_i)-(\bar{y}-\Delta y_i))^2 \geqslant n(\bar{x}-\bar{y})^2$

重新排列得：$\sum_{i=1}^{n}((\bar{x}-\bar{y})-(\Delta x_i-\Delta y_i))^2 \geqslant n(\bar{x}-\bar{y})^2$

展开得：$\sum_{i=1}^{n}((\bar{x}-\bar{y})^2 - 2(\bar{x}-\bar{y})(\Delta x_i-\Delta y_i)+(\Delta x_i-\Delta y_i)^2) \geqslant n(\bar{x}-\bar{y})^2$

分配原则：$n(\bar{x}-\bar{y})^2 - 2(\bar{x}-\bar{y})\sum_{i=1}^{n}(\Delta x_i-\Delta y_i) + \sum_{i=1}^{n}(\Delta x_i-\Delta y_i)^2 \geqslant n(\bar{x}-\bar{y})^2$

由 $\sum \Delta z_i = 0$ 可知上式为：$n(\bar{x}-\bar{y})^2 + \sum_{i=1}^{n}(\Delta x_i-\Delta y_i)^2 \geqslant n(\bar{x}-\bar{y})^2$

上式中，和式为一平方项，故不等式成立。

上面是一个重要的结论，它保证基于本书提出的数据表示和相似性度量方法所做的时间序列数据库相似查询不产生漏报，同时很容易计算 $D_{origin}(A,B) - D_{reduced\ dimension}(A,B)$ 的上界。此上界值越小，则误报的数量就越少[128]，同时在特征空间维数不变的条件下，检索空间的超球半径也就越小[98]，故查询效率高，反之误报数量就越大，查询效率就越低。所以，这个上界表征了相似查询的质量和效率。

3.4.3 验证试验

聚类分析作为统计学的一个分支，已经被广泛地研究了许多年。而在数据挖掘领域内，研究工作主要应该集中在对大型数据库的有效的和实际的聚类分析寻求适当的方法。由于时间序列的独特结构使得绝大多数传统的机器学习算法并不能在时间序列数据分析上取得良好的性能。尤其是在高维、多重复杂相关和富含噪声的条件下，研究时序数据聚类挖掘算法就成了研究的热点。而聚类的基础是对数据集合中的不同对象进行相似性搜索，找出数据间的相似程度。因此，研究的重点也就转化为聚类算法提供一个新颖的、可行的、有较高可信度的相似性测度。

时间序列的聚类就是根据相似/相异测度将数据库中的时间序列对象分组成为多个类或者簇(cluster)，在同一个簇中的对象之间具有较高的相似度，而不同的簇中的对象差别比较大。时间序列的聚类是为了在不同时间域的同一个属性数据库中挖掘具有对时间或其他的属性特定状态。这种时间状态的特定分布可以是市场案例分析，工业控制中的决策依据。同时，聚类分析也可以作为其他算法（特征提取、分类等）的预处理步骤，这些算法在聚类生成的簇上进行计算。

本书的聚类算法分为两个部分，包括：① 计算时间序列数据库中两两序列之间的欧几里得距离，构成所有时间序列相互间的距离矩阵 D_matrix，在距离矩阵中用动态编程方法，获取以动态时间弯曲路径作为相似性测度。② 根据动态时间弯曲路径，用分层法中的凝聚算法对时间序列数据集进行聚类计算，生成层次树。

聚类算法的选择取决于数据的类型、聚类的目的和应用。我们选择层次(hierarchical)聚类法，就是把所有的记录进行层次分解。层次法可以分为两种：凝聚的方式和分割的方式，取决于聚集层次结构的形成是自顶向下的还是自底向上的。

（1）凝聚的方式：这是一种自底向上的方法，将每一条记录看作一个类，然后根据一些规则将它们聚合成越来越大的类，直到满足一些预先设定的条件。大多数的层次聚集方法属于这一类。

（2）分割的方式：这种自顶向下的方法是一个与凝聚的方式相反的过程，将整个数据库作为一个大的类，然后按照一些规则将这个类分成小的类，直到满足一些预定的条件，例如类的数目到了预定值，最近的两个类之间的最小距离大于设定值。

无论凝聚的方式还是分割方式，用户都可以根据自己的要求来设定所得类的个数。一般来说，一个数据库没有一种最好的分类方法。聚集要在类中对象的相似程度和类的数目之间找到一个最佳的结合点。

我们选择 UCI KDD 数据库中的一个实例时间序列数据 Synthetic Control Chart Time Series（Robert 1999）作为研究对象。这些数据来源于工业生产控制图，由 600 个序列样本组成[99]。

为了考察本书算法的性能，同时用基于欧几里得距离测度的聚类算法对实验对象进行计算。

表 3-2 测试数据集属性

编 号	范 围	特 征
1	1—100	Normal
2	101—200	Cyclic
3	201—300	Increasing trend
4	301—400	Decreasing trend
5	401—500	Upward shift
6	501—600	Downward shift

下面从 600 个样本中随机抽取 20 个样本进行计算，分别是第[70 146 166 351 457 200 575 275 379 243 478 80 491 108 393 533 39 147 317 489]号时间序列。将这些序列列向量组成一测试数据矩阵并且标号 1～20。

表 3-3 测试样本属性

属性类	测试样本号	随机编号	属性类	测试样本号	随机编号
Normal	39	17	Increasing Trend	200	6
	70	1		243	10
	80	12		275	8
Cyclic	108	14	Decreasing Trend	317	19
	146	2		351	4
	147	18		379	9
	166	3		393	15
Upward Shift	457	5	Downward Shift	533	16
	478	11		575	7
	489	20		—	—
	491	13		—	—

两种算法的运算结果见下图 3-6。从图的运行结果可见，从系统树的簇结构可见：Upward shift，Increasing trend 与 Decreasing trend，Downward shift 在根节点下被聚集为两个子类；属性 Normal，Cyclic 分配到任意的一簇中去。基于欧几里得距离测度的聚类算法中(图(a))，同属于 Normal 属性的第 1、17 号时间序列被分裂到两个不同簇中去了。而基于 SDTW 测度的算法则有正确的聚类结果。同时从表 3-4 和图 3-7 可以看出：SDTW 在计算时间开销上比原始的 DTW 算法要少得多，适合于大型时间序列库的数据库分析使用。

表 3-4 平均计算时间比较

算　法	DTW	SDTW	Euclidean
平均计算时间	258.2 s	103.2 s	10.3 s

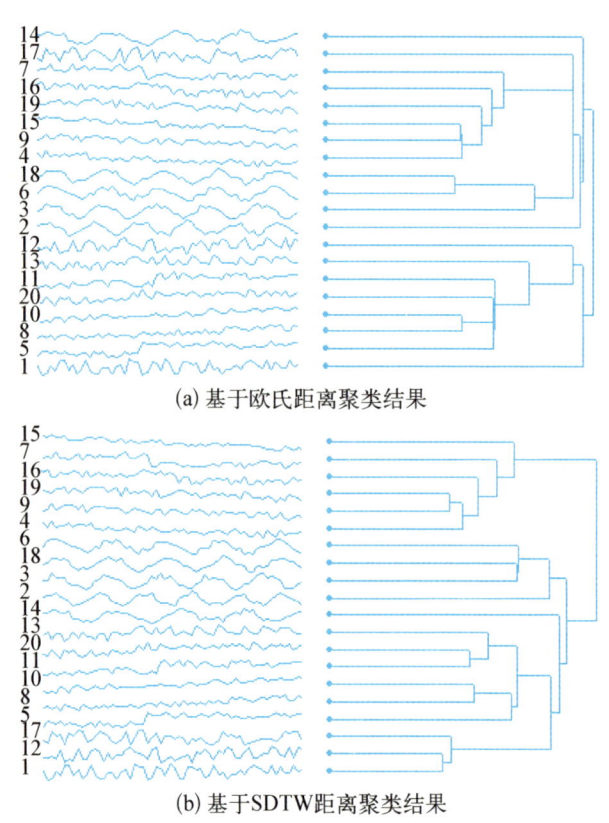

(a) 基于欧氏距离聚类结果

(b) 基于SDTW距离聚类结果

图 3-6　实验结果

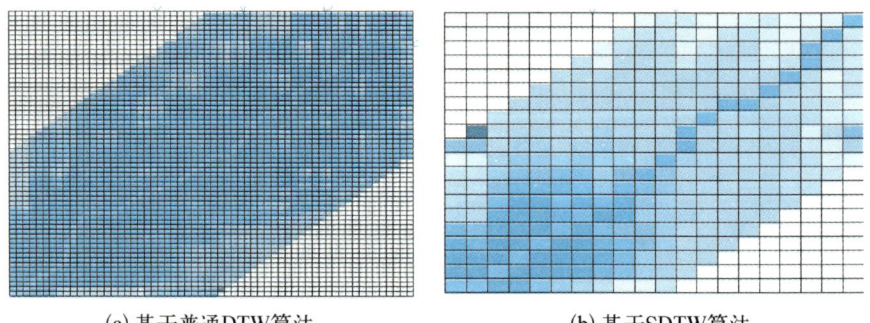

(a) 基于普通DTW算法　　　　　(b) 基于SDTW算法

图 3-7　两种弯曲路径算法

3.5 基于相似搜索的突变预测

在人工智能领域,有一类被称为基于范例推理的系统自动化学习模式,它模拟人的思维和处理问题的方式,首先通过对比问题范例与先前范例的相似性,来决定选择历史上某个阶段发生事例作为样本,通过修正参数和优化该样本,获取待求问题解。从这个出发点来看,它与其他人工智能解决问题的方法不同。此外,范例推理采用增量式学习方法,即新解决问题的方法和问题范例一并被系统记录并存储,以备将来所用,系统的学习能力不断提高,知识和经验也不断增加。

本书借鉴了范例推理的思路,设计了基于数据挖掘的电力价格突变范例规则库,这个规则库中分别保存了多年本地区电力价格突变发生时间、峰值、环境数据等信息,以及相关处理操作决策属性集。通过相似性搜索,可以将当前电力价格状态与规则库中的数据相比较,若范例相似,则系统给出相关的突变预测警报。

一个完整的处理流程包含以下步骤:

(1) 相似检索:根据输入待解决的问题的有关信息,从范例库中检索相似的范例集合;在突变预测中,即为找寻当前时间相关数据,检索历史数据,寻找与当前状态最相似的实例。

(2) 重用:从搜索到的一组范例中寻求相应的"解集",判断是否符合要求,若符合,则重用相应的方案,否则进行修正;依据专家事先定义的偏差,对历史范例进行判断,即辨识该范例是否满足重用,若否,则进行下一步。

(3) 修正范例:从相似范例中辨识需变更的参数,使之符合当前的问题环境,得到当前问题的新解。

（4）保存更新范例库：将新范例及其解依据一定的类别划分，存储到范例库的适当地方。

上述流程即为判断价格突变的方法，可见第一步的相似搜索是获取相关解的前提，本章我们采用前文所述的基于约简动态时间弯曲的相似性搜索模型。

3.5.1 相似性搜索

我们在 2 个实验时间序列数据集上对本文的算法进行了实验验证。第一个实验是发现在某地级市配电网 10 年间夏、冬季用电高峰（7 至 8 月和 12 至 1 月）期过载发生次数与对应时间点匹配。从图 3-8 数据中可知，这个序列的特点是有多个剧烈的跳变。算法的参数选择为 $n=9, R=2$。为了能清楚地查看结果，选择了 40 个数据点的片断放大结果。每个被发现特征模式的子序列在计算距离值前均经过相应的预处理，转换成均值为零，标准差为 1 的序列。过程中从结果来看，重复模式的搜索结果相当理想。

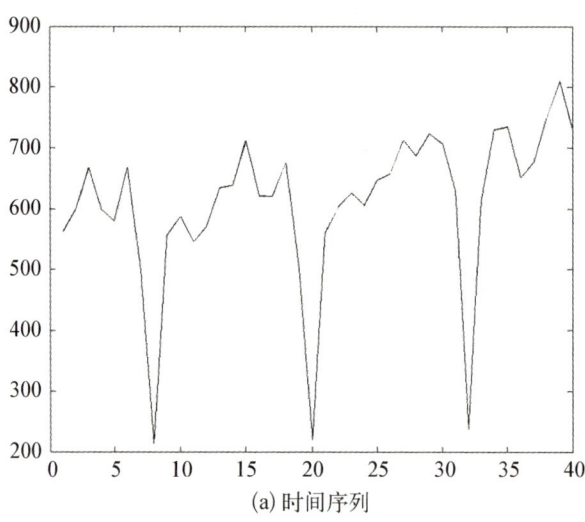

(a) 时间序列

第 3 章 新型距离测度模型与电力价格突变预测

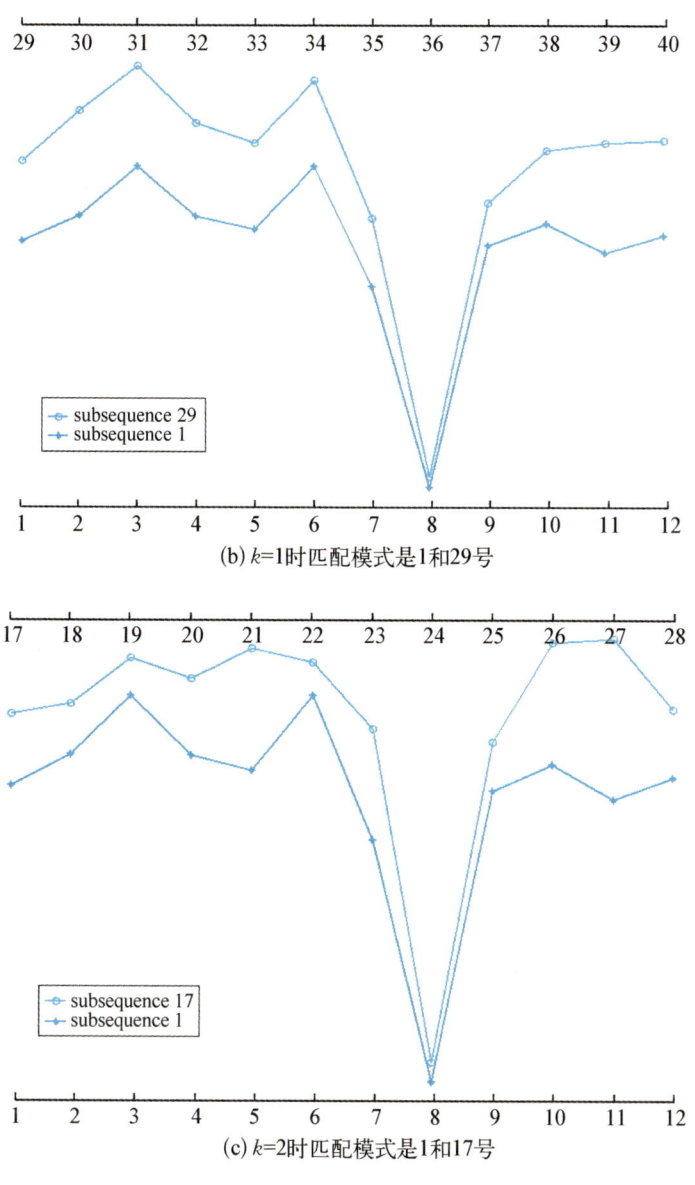

(b) $k=1$ 时匹配模式是1和29号

(c) $k=2$ 时匹配模式是1和17号

图 3-8 实验结果

为了验证在算法在包含噪声条件下的鲁棒性,我们将经分段线性处理后的实验数据添加了一定的噪声(这里使用的是随机正态噪声,噪声标准差小于实际数据的标准差)。实验采用的数据来自 2007 年 5 月至 11 月间某电厂发电机输出变化图。检验过程中算法选择的参数为:$n=15, w=5$。图 3-9(a)是原始时间序列;图 3-9(b)(c)是在没有添加随机正态噪声情

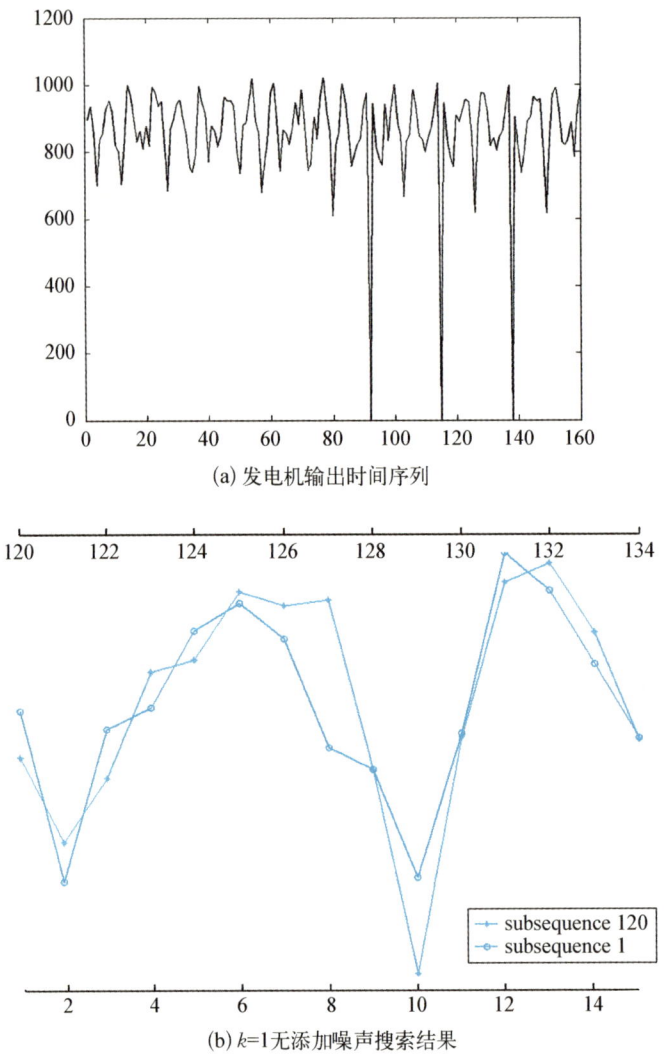

(a) 发电机输出时间序列

(b) $k=1$ 无添加噪声搜索结果

第3章　新型距离测度模型与电力价格突变预测

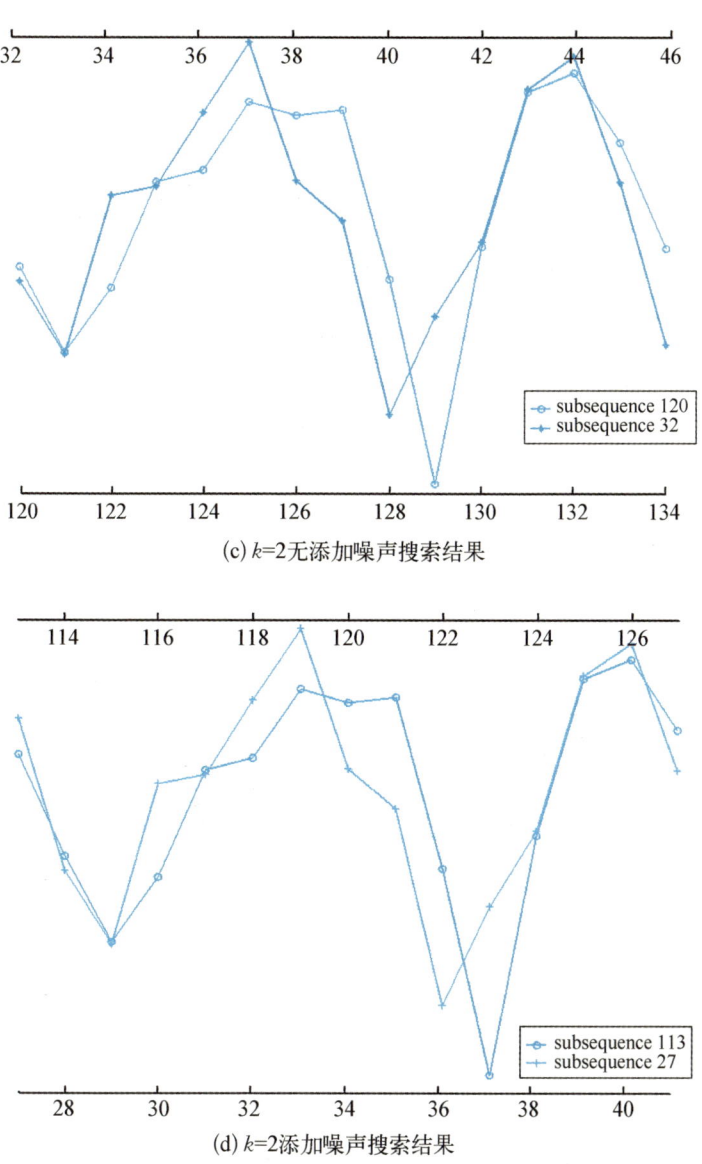

(c) $k=2$ 无添加噪声搜索结果

(d) $k=2$ 添加噪声搜索结果

图 3-9　噪声影响实验

况下模式发现的结果;(d)是带有噪声的条件下模式发现的结果。运行结果,有无噪声之间发现的模式序列相差在几个数据点范围内,显示本书的算法对噪声有一定的鲁棒性。

3.5.2 突变发生器验证试验

在试验开始要先定义评价结果的量度。对于分类预测而言,最常用的量度是分类精度:

$$分类精度 = \frac{准确预测数}{对象数} \quad (3-12)$$

这个量度提供了一个对多种分类预测问题的简便的精度指示,但是在突变预测问题上,这种量度并不合适,因为突变数据的分布严重不均衡。根据数值分析的结果,仅有 1/70 的输入向量发生突变状况,也就是说预测的精度将是相当高的,即使所有的突变都被误判了。因而,提出了另一个量度,用以评价突变预测模型的判定能力。

定义 3.3 突变预测精度

$$突变预测精度 = \frac{准确预测突变发生次数}{实际发生突变次数} \quad (3-13)$$

在突变预测中,准确预测突变发生的能力才是核心问题,这种量度可以提供评价预测能力的有效途径。

定义 3.4 突变预测置信度 置信度是预测器可信水平的重要指标。如果没有一个合理的可信水平,突变价格预测因为存在大量的未确定性和风险而毫无意义。置信度的定义式如下:

$$置信度 = \frac{准确预测次数}{预测发生突变次数} \quad (3-14)$$

预测器有可能将一些非突变状态误报,这个置信度定义式即是用来评价发生误报的比率。一个好的预测模型应该既具有高的预测精度,又具有高的预测置信度。仅当突变预测的可信程度较高的情况下,模型才是令人信服的。

表 3-5 预测精度与置信度结果

指 标	分类精度	突变预测精度	突变预测置信度
2003 年 1 月	8 598/8 640=99.51%	187/220=85%	187/187=100%
2004 年 6 月	8 612/8 640=99.68%	67/95=70.53%	67/67=100%

从表 3-5 可以看到,模型运算的预测精度均大于 60%,意味着本书的模型算法能够预测一半以上的突变事件。值得注意的是实验条件的限制,模型只能在极其有限的数据条件下进行训练,并且突变的发生是由多种随机事件所造成的,而这类事件并未包含在本模型条件参数中。同时,根据式 3-14,本模型的置信度达到 100%,即所有预报的突变事件都是可信的。

3.6 本 章 小 结

本章以电力价格突变问题作为研究对象。分析了电力价格突变的成因和相关影响因素。结合数据挖掘技术,提出了在新型距离测度——动态时间弯曲下的电价突变预测方法。

首先,阐明了动态时间弯曲的基本概念,详细地给出了基于动态时间弯曲相似测度的性质、特征和限制条件。利用线性平均法对高维数据进行了降维处理,并在约简后的数据集上提出了满足边界定理的快速非线性时间弯曲相似测度 SDTW,给出了严格的数学证明。在此基础上提出了基于约简 DTW 时间序列距离测度。数据挖掘模型。以时间序列的聚类算法为例,将本书提出的算法和常规基于欧氏距离的算法进行了比较。结果证明,基于 SDTW 的分析方法对序列数据的相位偏移、数据噪声有很强的鲁棒性。

第二,给出了电力价格突变预测的方法,定义了评价模型性能的准确性、可信性指标。并对通过对实际数据的验证,证明本章提出的模型的可行性和可信度。

第4章
云特征挖掘模型与电价预测

上一章讨论了电价突变发生的预测模型与方法。由于该模型预测得到的是某一时段内价格突变最有可能出现的区间,在实际电力市场运营管理中,参与者更希望得到预测区间内的价格突变的具体数值。对于检测结果判定为不发生价格突变的时间点,其最终的电价期望值就是预测初值;对于检测结果判定为发生价格突变的时间点,其最初的预测结果不再适用,应该重新计算。本章将就此问题继续讨论。

序列挖掘的一个重要应用场合是发现序列数据中重复/频繁项、异常项,通常称为时间序列的特征模式挖掘。这种特定意义模式发现在预测、业务评价等部门有广泛的应用前景。比如时序数据关联规则的发现所依赖的前提就是要先识别出不同模式知识;分类算法中元类的寻找;机器人研究中引进的基于由传感器返回的定性差异经验所构成的自制智能体,这种经验就是一种模式;时间序列中受关注的兴趣点/特殊点的发现,其实质就是在特定时间间隔中搜索特定模式的产物。

目前,时间序列模式挖掘算法主要存在两方面的问题。首先,现有算法大部分是对已知模式的一种搜索工具,因此必须事先掌握被学习数据的先验知识。同时,基于 nested-loop,brute force 方法需要与数据量二次方的比较时间。三角不等式优化方法通过植入常数因子能减低时间复杂性,但是对巨大的数据库仍然无能为力。并且所有算法均是以特定应用为分析对象,没有注意到算法可伸缩性问题。第二,这些算法没有考虑到时间序列含有的噪声问题。

本章在研究了时间序列的特性的基础上,借鉴符号机器学习的思想,提出了基于云模型时间序列特征模式挖掘算法。将该算法应用于电价突变预测的第二部分——数值预测处理中,通过对历史数据的学习,形成峰值知识库,并在预测过程中,搜索相似状态条件下的历史经验值,指导预测器的预测过程。

4.1 云模型基本概念

4.1.1 云模型

在引言中我们已经看到,模糊理论在知识发现领域取得了相当大的成绩。但是,模糊理论本身存在着一些值得商榷的地方。精确的隶属函数客观上在人们的模糊思维活动中根本不存在,它容易把人们对模糊现象的处理强行纳入精确数学的理想王国,掩盖了事物的模糊本质。因此借助隶属函数思想,李德毅院士提出了隶属云的新概念[100]。

云是用自然语言值描述的某个定性概念与其数值表示之间的不确定性转换模型,或者简单地说云模型是定性定量间转换的不确定性模型。设 U 是一个论域 $U = \{x\}$,T 是与 U 相联系的语言值。U 中的元素 x 对于 T 所表达的定性概念的隶属度 $C_T(x)$(或称 x 与 T 的相容度)是一个具有稳定倾向的随机数,隶属度在论域上的分布称为隶属云,简称为云[101]。

$C_T(x)$ 在 $[0,1]$ 中取值,云是从论域 U 到区间 $[0,1]$ 的映射,即

$$C_T(x): U \to [0, 1] \tag{4-1}$$

$\forall x \in U, x \to C_T(x)$

图 4-1 显示了语言值"约 20 公里"的隶属云。云的几何形状对理解定性与定量间转换的不确定性有很好的帮助。首先,所有 $x \in U$ 到区间[0,1]的映射是一对多的转换,x 对于 T 的隶属度是一个概率分布而非固定值,而不是一条明晰的隶属曲线。第二,云由许多的云滴组成,一个云滴是定性概念在数量上的一次实现,单个云滴可能无足轻重,在不同的时刻产生的云的细节可能不尽相同,但云的整体形状反映了定性概念的基本特征。云滴的分布类似天上的云,远看有明确的形状,近看没有确定的边界,这就是我们用"云"来命名它的原因。第三,云的数学期望曲线(Mathematical Expected Curve,MEC)从模糊集理论的观点来看是其隶属曲线。第四,云的"厚度"是不均匀的,腰部最分散,"厚度"最大,而顶部和底部汇聚性好,"厚度"小。云的"厚度"反映了隶属度的随机性的大小,靠近概念中心或远离概念中心处隶属度的随机性较小,而离概念中心不近不远的位置隶属度的随机性大,这与人的主观感受相一致[102]。

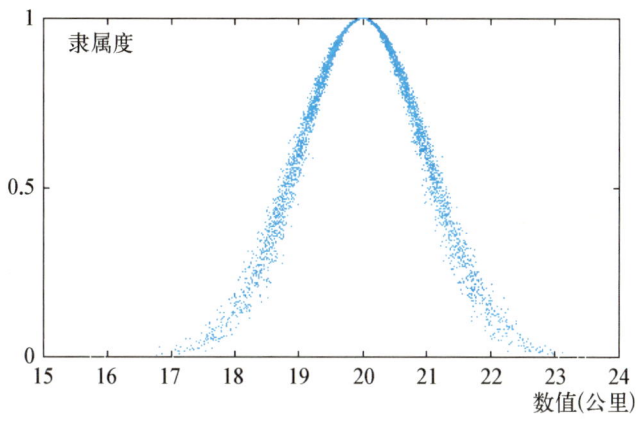

图 4-1 语言值"约 20 公里"的隶属云

4.1.2 云的数字特征

云的数字特征用期望值 Ex(Expected Value)、熵 En(Entropy)、超熵

He(Hyper Entropy)三个数值来表征[103],如图 4-2 所示。

(1) 期望值 Ex:是概念在论域中的中心值,是最能代表这个定性概念的值。

(2) 熵 En:是定性概念模糊度的度量,反映了在论域中可被这个概念所接受的数值范围,体现了定性概念亦此亦彼性的裕度。熵越大,概念所接受的数值范围也越大,概念越模糊。

(3) 超熵 He:可谓熵 En 的熵,反映了云滴的离散程度。超熵越大,云滴离散度越大,隶属度的随机性越大,云的"厚度"也越大。

可见,云模型的 3 个数字特征值把模糊性(定性概念的亦此亦彼性)和随机性(隶属度的随机性)集成到一起,构成定性和定量相互间的映射,作为知识表示的基础。

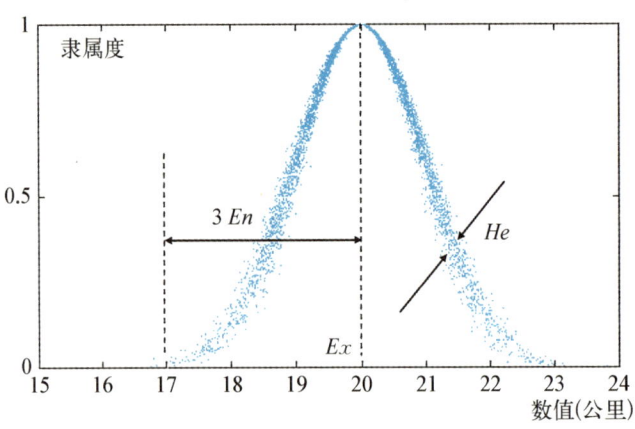

图 4-2 云的数字特征值的示意图

4.1.3 云发生器

云的生成算法可以用软件的方式实现,也可以固化成硬件实现,称为云发生器(Cloud Generator,CG)。由云的数字特征产生云滴,即实现从定性到定量的转换,称为正向云发生器(如图 4-3),上面的云生成算法即为

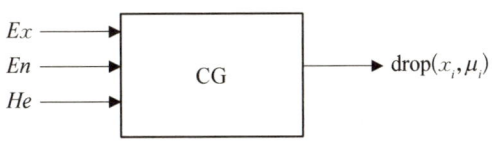

图 4-3 正向云发生器

正向云发生器算法[103]。

云可以根据不同的条件来生成,在给定论域中特定的数值 x 的条件下的云发生器称为 X 条件云发生器(见图 4-4),给定特定的隶属度值 μ 的条件下的云发生器称为 Y 条件云发生器(见图 4-5)。X 条件云发生器生成的云滴位于同一条竖直线上,横坐标数值均为 x,纵坐标隶属度值呈概率分布。Y 条件云发生器生成的云滴位于同一条水平线上,被期望值 Ex 分成左右两组,纵坐标隶属度值均为 μ,两组横坐标数值分别呈概率分布。两种条件云发生器是运用云模型进行不确定性推理的基础。

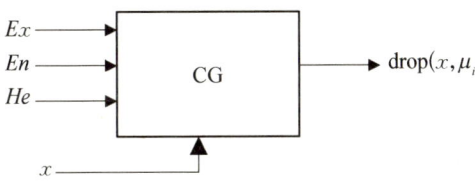

图 4-4 X 条件云发生器

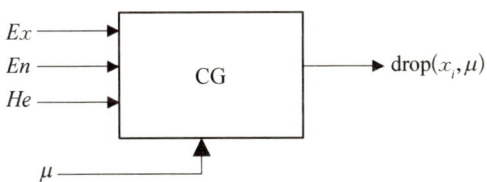

图 4-5 Y 条件云发生器

X 条件云发生器算法如下:

(1) $En'_i = G(En, He)$。生成以 En 为期望值、He 为标准差的正态随机数 En'_i;

(2) 计算 $\mu_i = \exp\left|-\dfrac{(x-Ex)^2}{2En_i^{'2}}\right|$，令$(x,\mu_i)$为云滴。

Y 条件云发生器算法如下：

(1) $En_i' = G(En,He)$。生成以 En 为期望值、He 为标准差的正态随机数 En_i'；

(2) 计算 $x_i = Ex \pm \sqrt{-2\ln(\mu)}En_i'$，令$(x_i,\mu)$为云滴。

给定符合某一正态云分布规律的一组云滴作为样本(x_i,μ_i)，产生云所描述的定性概念的三个数字特征值(Ex,En,He)，即从定量到定性的转换，其软件或硬件实现称为逆向云发生器，如图4-6所示。正向云发生器和逆向云发生器相结合，实现定性与定量的随时转换。

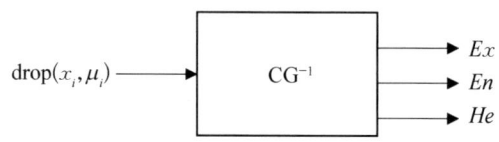

图 4-6 逆向云发生器

逆向云发生器算法如下：

(1) $Ex = mean(x_i)$；

(2) $En = stdev(x_i)$；

(3) $En_i' = \sqrt{-(x_i-E_x)^2/2\ln\mu_i}$，$He = stdev(En_i')$，其中，$mean()$、$stdev()$分别为求均值和标准差的函数。

以上的逆向云发生器算法是一种统计方法，求出的数字特征值是一种估计值，当云滴数较少时，误差可能比较大，随着云滴数的增加，误差将减小。当云滴数很少时，采用最小二乘法为宜。最小二乘法拟合精度高，但算法复杂。

云的语气运算可以连续运算多次，生成一系列不同语气的语言值。例如，"远"进行两次加强语气运算得到"很远""特别远""极小"经过三次减弱语气运算得到"很小""小""较小"等。

模糊集理论中的语气运算是对单个隶属度值进行平方或开方运算,隶属函数经过语气运算后不能再用相同类型的函数表示。而这里的云的语气运算是对整个语言值的运算,语气运算后的语言值仍用云模型表示,并且云的语言运算具有直观合理性[104-112]。

4.2 云模型特征发现算法

大型时间序列数据库如何实现高效地相似特征搜索?索引技术开始得到重视。很多的工作主要是基于欧氏距离的。然而越来越多的人认为欧氏距离是一种非常脆弱的距离测度。所需要的是时间轴可以有一定的弹性移动,来解决形状相似,但在时间轴上有相位差的时间序列,第三章提出的 DTW 是较好的解决办法,但是已经看到原始的 DTW 对 CPU 计算时间消耗和 I/O 占用非常大,因此这种距离测度对大型的数据库分析仍然是无能为力的。本章讨论的可实时使用的时间序列约简表示算法降低计算开销。同时,在已入云模型概念后,可以通过其对数据描述的随机性和模糊性的特性,将电力价格的定量形式转换成用大量语言原子组成的定性描述集,而后,通过建构概念的索引树来提高搜索效率。本章使用时序数据区段的斜率为基础概念原子,因为在预测突变数值的时候,趋势形态要较平均值精确。

4.2.1 定义

先对本章所用到的基本概念进行定义:

定义 4.1 时间序列:一组按时间真值排序的变量 $T = t_1, t_2, \cdots, t_m$。时间序列往往相当大,甚至会包含万亿个观察值。一般关心的不是时间序列的全局特性;而是不同段内的部分时间序列,称之为子序列。

定义 4.2 子序列:已知给定一长度为 m 的时间序列 T,而 T 的子序列 C 是在 T 上的长度为 $n \leqslant m$ 的数据样本,也就是说 $C = (t_p, t_{p+1}, \cdots, t_{p+n-1})$,其中 $1 \leqslant p \leqslant m-n+1$。

由于所有的子序列都有可能成为潜在的特征段,因此搜索算法最终将不得不提取所有的子序列,这种提取过程可以使用滑动窗口方法。

定义 4.3 滑动窗口(Sliding Windows):给定长度为 m 维时间序列 T,用户定义子序列长度为 n,定义一个 $(m-n+1) \times n$ 维的矩阵 S,矩阵的第 p 行是子序列 C_p,每个子序列是由在时间序列 T 上用一大小为 n 的滑动窗口截取出来的,如图 4-7 所示。

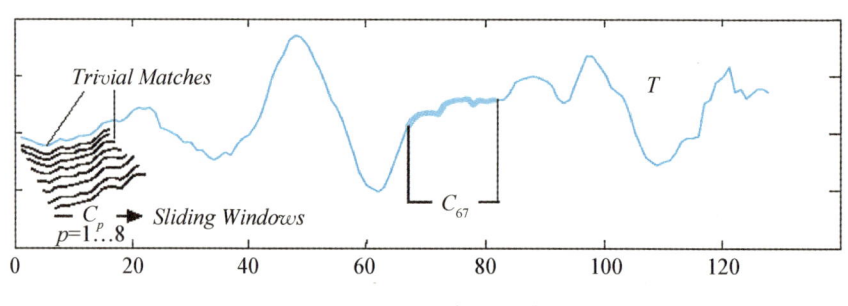

图 4-7 时间序列与无价值匹配

在时间序列研究中,一个重要的任务就是给定一个子序列是否与其他子序列根据一定的距离测度 $D(Q, C)$ 相似,这种工作形式化为匹配。

定义 4.4 匹配:给定一个正值 R(称为范围),有一时间序列 T,分别包含从位置 p 开始的子序列 C 和从位置 q 开始的子序列 Q,如果有 $D(Q, C) \leqslant R$,则称 Q 是 C 一个匹配子序列。

上述匹配的定义是直观的,但是还必须排除一种情况,就是所谓的无价值匹配。可以想象除了子序列本身以外,在时间轴上左右移动一二个时间点所示的子序列基本上也是可以与原子序列匹配的,但这种平移后的候选项基本上原有候选项的子集,实际是无多大意义的,因该排除在观察范围外。

定义 4.5 无价值匹配：给定时间序列 T,以及在位置 p 和 q 处的两个子序列 C 和 Q,如果当 $p=q$,或者不存在一个在位置 q' 的子序列 Q' 使得 $D(Q',C) \geqslant R$ 且 $q < q' < p$,或者 $p < q' < q$,则称 Q 是 C 的无价值匹配子序列。

定义 4.6 $K\text{-}Pattern(n,R)$：给定时间序列 T,长度为 n 的子序列及范围 R,T 的最显著模式子序列(因此也称 $1\text{-}Pattern(n,R)$)是在众多子序列中,基于特定的计分函数下积分最高的非无价值匹配的子序列 C_1。第 k 个最显著模式(称为 $k\text{-}Pattern(n,R)$)是由积分最高的前 K 个非无价值匹配的子序列组成,并且满足 $D(C_K,C_i) > 2R$,$1 \leqslant i < K$。

应注意的是定义强调每个模式中的子序列成员,彼此间是不相关的,且不允许存在不受关注的子序列。

定义 4.7 $K\text{-}Pattern(n,R,d)$：时间序列 T 的 k 个最显著模式定义为具有最高积分的非无价值匹配子序列,且满足 $D(C_K,C_i) > 2R$,$1 \leqslant i < K$,C_k 和 C_i 中 d 个数据点可被忽略,一般而言,有 $d < n$,典型的是 $d << n$。

确定那些可以忽略的 d 个数据点是很简单的。由于我们需要计算最小累加距离,所以能够按 i 值大小升序排列 $|C_i - Q_j|$,再忽略不计前 d 个。

这个定义与经典的生物序列主题发现算法很相像。在生物信息学领域中,(w,d) 异常问题是为了寻找长度为 w 的重复发生的序列。注意到在离散情况下,是没有 R 参数的,因为它是实际隐藏在 Hamming 距离式中。

4.2.2 特征获取

1. 时间序列离散化

在长序列中发现模式特征,首先要考虑降维,因为普通的全扫描搜索

将占用大量 CPU、I/O 资源。尽管有大量文献提出了相应的离散算法,但是均不符合我们的要求,因为:

(1) 这些算法虽然都可获得元素的符号表示(字母表),但是没有降低维度。为了能使用随机摄影算法,必须大幅度降低矩阵向量的维度。

(2) 转换后,特征序列的距离测度与对应实际时间序列数据的距离测度几乎没有什么联系。为了应用随机摄影法,不但必须要有高的关联度,而且其特征序列距离测度值要是实际距离的真子集。

本章中的离散化计算依然采用第 2 章的算法,即分段线性表示法。

2. 序列形态特征

如何获取时间序列的特征是模式挖掘的关键。前几章用来作比较的都是时间序列数据本身,或是其约简以后的直接数据。而在并不是关心数据大小的时候,这些数值大小不是研究的重点,因此把研究对象放在线性分段变化后的每个区段的斜率上。每一个区段的斜率反映了某个时间段内时间序列的大致走向,是序列的特征表示[113]。

用户规定滑动窗口大小 w 和压缩比 η(窗口长度与压缩后的目标维数之比)之后,算法可以获得在窗口内的区段数和区段内的数据点,对每个区段内的数据点进行回归近似就可获得线性区段。只要获得一个区段的两点,那么,这两点之间的斜率就可以获得。

由导数定义可知:

$$\frac{dy}{dx} = \lim_{h \to 0} \frac{f(x+h)-f(x)}{(x+h)-x} \qquad (4-2)$$

则近似的导数定义为

$$\frac{dy}{dx} \approx \frac{f(x+h)-f(x)}{(x+h)-x} \qquad (4-3)$$

对于噪声,因为已经使用了线性分段处理,所以不需要其他的过滤器。获得了数据点的斜率也就获得了每个在时间序列方向上的走势。这是我们特征获取的基础。

3. 序列云模型表示

获取时间序列的趋势特征后,要进行符号化处理,这是因为:

(1) 前面利用线性分段表示对实际数据约简,由于它在数据间采用线性回归来逼近,会造成数据和数据之间的特征信息的变异以及数据的丢失[114]。

(2) 尽管线性分段具有滤波作用[113],但是,不可能将所有特异数据滤掉,尤其在故障诊断领域,某些特异数据往往反映了系统某个时间点的特定状态,这才是人们关注的信息。因此,在模式发现的过程中这些点既要被保留。但同时又要满足常用的聚类、分类等算法不因局部极值问题而发生误配的要求。

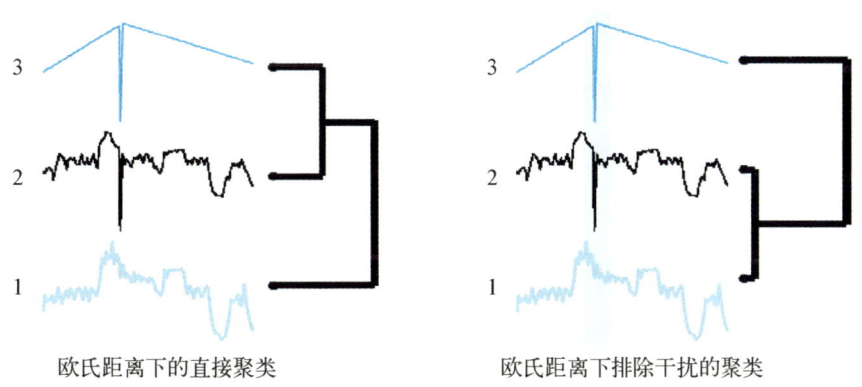

欧氏距离下的直接聚类　　　　　欧氏距离下排除干扰的聚类

图 4-8　噪声数据的影响

解决这两个问题的方法有很多,本书中选择云模型来描述这些斜率特征。由式(4-3)确定的斜率值反映了趋势变化特征,因此,用上一章节的云模型,模拟自然语言的形式将这些特征描述出来。斜率特征可以表述为下降、上升或者平缓,也可为其加入语气特征,如剧烈上升、较快上升、较慢上升,下降也如此。这样就可以形成一个分层的概念表示,把这些概念原子以树的形式表示,在树的不同层次,有不同的语言项描述,可以实现不同层级的模式发现。假定用 A 来表示语言概念,不同层的概念包含了不同的语言原子:

$$A = \{A_1(Ex_1, En_1, He_1), \cdots, A_m(Ex_m, En_m, He_m)\} \quad (4-4)$$

$$A_{level1} = \{Down, Normal, Up\} \quad (4-5)$$

$$A_{level2} = \{Sharp\text{-}Down, Mid\text{-}Down, Gentle\text{-}Down, Normal,$$
$$Gentle\text{-}Up, Mid\text{-}Up, Sharp\text{-}Up\} \quad (4-6)$$

前文已经详细讨论了云模型的生成器,将计算得到的斜率值作为 X 条件云发生器的条件输入,在确定了原子的数字特征的条件下,就可以获得某个斜率值在属于某个概念的隶属程度。通过云变换,得到一系列原子概念组成的云模型集作为泛概念树的叶结点。由于云本身的特征,使得这个隶属程度值也是一个满足正态分布的随机数,这样很好地解决了数据在线性化处理过程中数据丢失和数据之间走势的随机性问题[115]。图 4-9 表示了第 2 层的斜率特征概念。

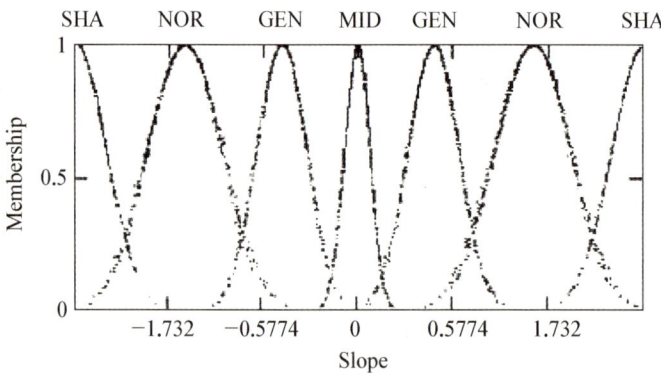

图 4-9 线性分段后数据点斜率的语言概念表示

4. 规则树的生成

规则树的自动生成就是要在叶结点的基础上,逐级进行概念提升,生成较高层次的概念,最终生成根结点[116]。通过云逻辑运算的软或操作,可以将相邻的两个基本概念提升为能概括它们的较高层次的新概念,实现概念的提升和细化,实现不同层次的模式识别和特征发现。图 4-10 给出了 2 层树的结构。

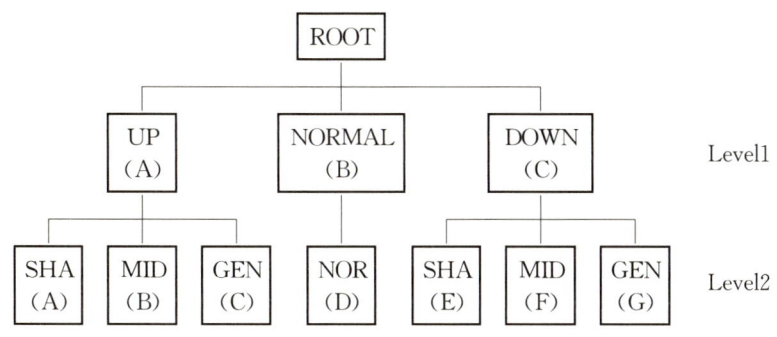

图 4-10 斜率的形态泛概念树

算法说明:

(1) 叶结点的生成:所谓的云变换是将人以不规则的数据分布,根据某种规律进行数据变换,使得成为若干个大小不同的云模型叠加,叠加的云越多,误差越小。有前提条件:

原理 1:论域中的元素对定性的概念的隶属程度是一种统计属性,具有随机性。

原理 2:高频率元素对定性概念的贡献大于低频率元素对定性概念的贡献。

由以上的两个原理就可成为实现叶结点生成的理论依据。

算法:叶结点生成

Input:任意数据分布概率密度 $f(x)$;误差阈值 ε

Output:云模型集合 Clouds

BEGIN

$Clouds = \Phi$; $h'(x) = f(x)$; /＊设置初始值

WHILE($MAX(h'(x) > \varepsilon)$)　　/＊根据误差阈值判断决定是否继续迭代拟合

{

　　$h(x) = h'(x)$;

　　$E_x = FIND\_E_x(h)$; 　/＊寻找 h(x) 的峰值,作为云模型的期望值

　　$(E_n, type) = CALC\_E_n(h, E_x, \varepsilon)$; 　/＊计算用于拟合的云模型的熵和类型

　　$Clouds = Clouds \bigcup \{(E_x, E_n, type, h(E_x))\}$

　　$h'(x) = h(x) - h(E_x) * Cloud\_EXP(E_x, E_n, type)$; 　/＊计算残差

}

　　$Clouds = CALC\_He(Clouds, f(x), h'(x))$; 　/＊据残差计算云模型的超熵

END

(2) 规则树的生成:通过云变换,得到了一系列的原子概念组成的云模型作为树的叶结点。规则树就是在叶结点的基础上,逐级进行概念提升,形成较高层次的概念,最终生成根节点 ROOT。前面已经讲述了"软或"的概念,这里用此逻辑运算来实现树的生成。算法如下:

算法:规则树生成

Input:叶结点集;每一层概念树的概念个数;

Output:规则树

BEGIN

　　$lay_{n+1} = A$;

　　FOR $i = n \to 0, step -1, DO$

　　{

$$lay_i = lay_{i+1};$$
WHERE ($|lay_i| > num_i$)
{
$(B,C) = select\_min\_distance(lay_i);$ /*选择距离最近
$lay_i = del(lay_i, \{B,C\});$
$D = soft\_or(B,C);$ /*采用软或计算进行概念提升
$lay_i = add(lay_i, \{D\});$
}
}
END

4.3 带有突变分析的电价预测模型

如上文所述,价格突变是非常规市场环境下的随机事件,因此,如果突变和预期价格分别由两个模型来作处理则能获得更好的性能指标。本书设计了一种突变价格和预期价格预测模型,如图 4-11 所示。

(1) 决定突变是否发生

突变预测的第一步是根据历史平均值定义式,确定某个价格是否判定为突变状态。一旦判定这个价格超过阈值,那么认为发生了突变,因此,突变发生的判断,也就归类于一个(0,1)分类问题。知道本地区的参考电价值,就可以将该值归类于是否发生突变。

(2) 辨识相关因素

影响电力价格的因素众多,仅少数几个因素需要纳入到框架模型中去,用以增强预测性能。实际使用中,可以通过选择合适的特征选择技术,确定哪些影响因素应包含在预测过程中。在第 4 章,基于云模型特征挖掘

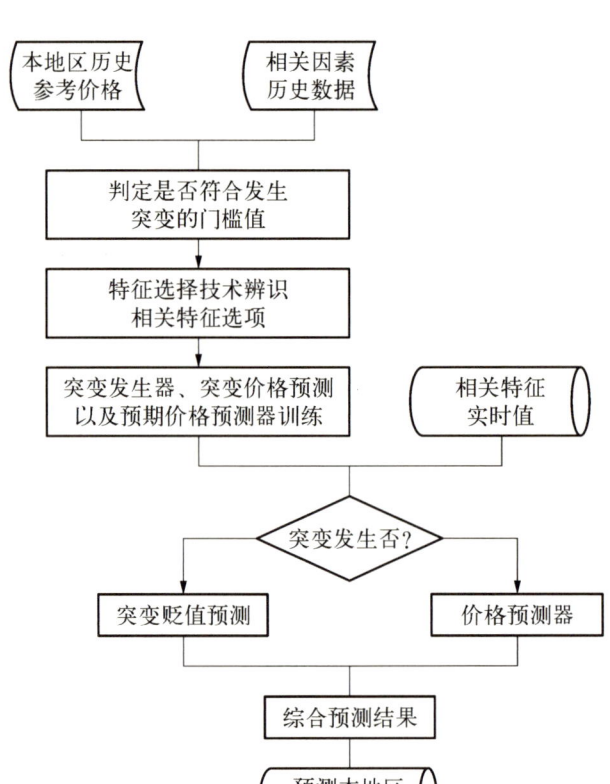

图 4-11 带有突变分析的电价预测模型

方法,从历史数据的训练学习,搜索对应本地区影响电价预测的相关因素,并将其作为判断电价突变发生与否的参考因子。

(3) 预期价格预测、突变发生器以及突变价格预测器的训练

常见的预期价格、突变价格预测可以使用回归模型或者时间序列模型来实现,本章主要讨论突变发生预测问题,下一章将具体讨论构建价格预测(包括预期价格和/或突变价格预测)。数据挖掘中的分类预测算法则可以用来预测突变是否发生。突变发生预测是判定一个市场是否存在异常而导致价格突变的分类预测模型。相关特征和价格的历史数据将作为数据,在模型运行初期进行系统训练。

第4章 云特征挖掘模型与电价预测

（4）对未来的时刻 t，以及相关特性向量 X_t，使用突变发生预测器来判断是否会发生突变。

（5）如在时间 t 判定可能发生突变，则使用突变价格预测器来评估其突变值。

（6）否则，使用预期价格预测器来估计该时刻 t 的电价。

（7）综合预期价格和突变价格，形成最终预报电价。

4.4 云模型特征发现模型在电价突变中的应用

承接第3章的电价突变预测模型框架，下面学习同一案例的数据，并预测某段时间内的突变发生值以及预期电价大小。在对时间序列挖掘过程中，使用本章提出的空间索引搜索法，并建立了相应的概念树。

首先，对本地区电力价格历史数据进行基于云特征模型的相似性搜索，得到相应的包含突变发生的价格数据概念树，每个节点包含了相关时间点的电力价格、影响因素取值、供需数值等信息。

其次，在对历史数据进行学习过程后，特征选择模型得到历史上发生电价突变的时刻，所有频繁发生影响因素，作为本地区电力价格发生价格突变的特征选项。

特征1：电力需求（Demand）。从图4-12中可看到，需求在大于一定数量时（约5700 MW），突变发生的概率明显加大。但是，需求并不能精确地确定电价突变发生与否，从图中也可以看到，当需求处于4000～4500 MW 中也会发生突变。需求可以作为一个判断发生突变与否的指引变量。

特征2：自动系统预测需求量（Demand Forecast）。预测需求表明了

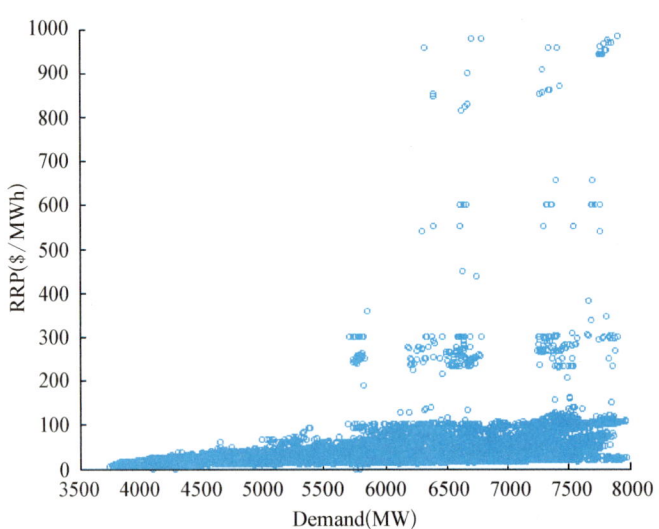

图 4-12　电力需求与本地区价格参考关系

需求预测结果与实际结果的差异程度。预测需求与本地区价格水平关系如图 4-13 所示，从图中可看到当需求预测在 -50～100 MW 时，发生突变的概率较高。因此，预测需求也可以作为突变发生预测的相关特征变量。

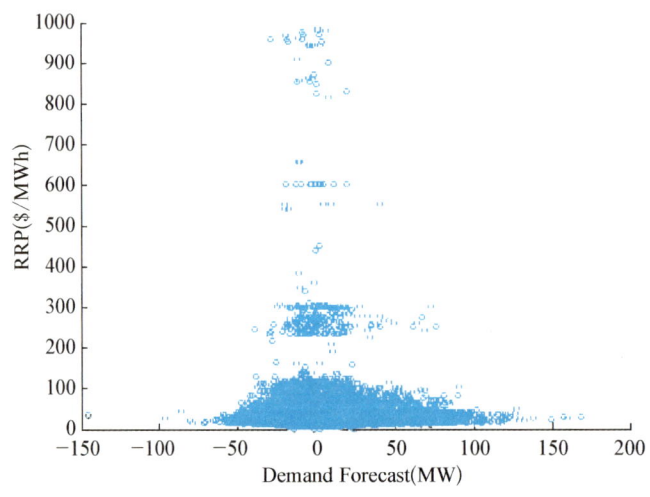

图 4-13　电力需求预测与本地区价格参考关系

特征3：发电量(Dispatchable Generation)。图4-14展示了发电量与本地区电价水平的关系，它与需求的关系相似。这是因为电力系统通常要求供需两者基本平衡。

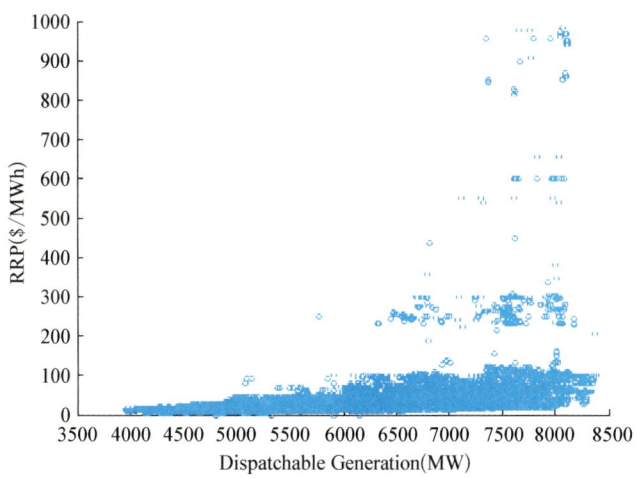

图4-14　发电量与本地区价格参考关系

特征4：配电负荷(Dispatchable Load)。图4-15显示当配电负荷与本地区价格参考关系。绝大部分突变发生在配电负荷为0的时刻。

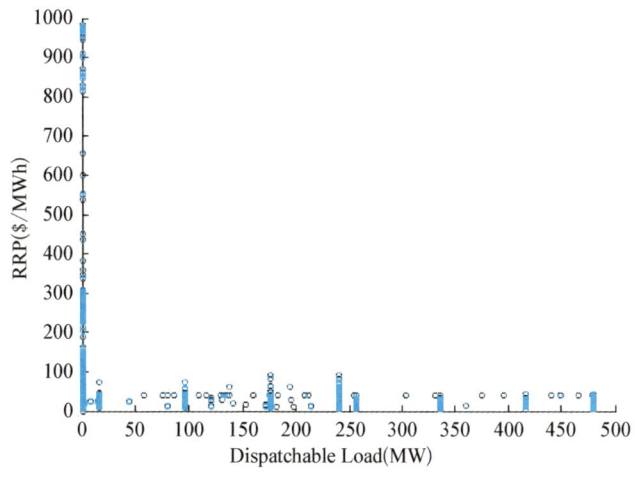

图4-15　配电负荷与本地区价格参考关系

特征5：净购入（Net Interchange）。净购入是本地区完全从其他地区购入电力的指标，如图4-16所示。

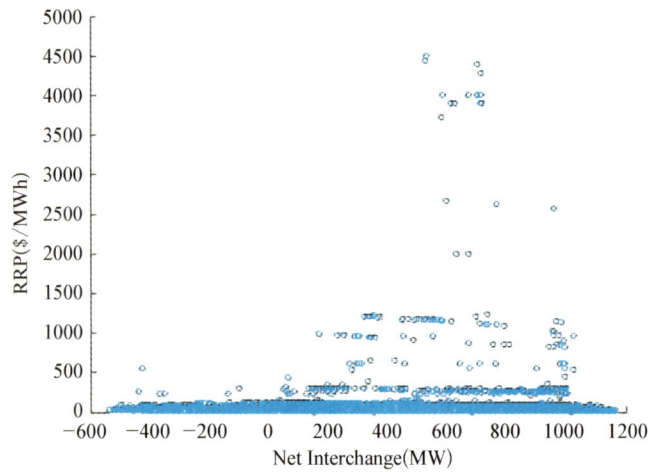

图4-16　净购入与本地区价格参考关系

特征6：时间刻度（Time Scale）。电力每日消费计算模型可以解释每天特点时间段发生价格突变的关系。从图4-17可以看到大部分价格突变发生在每日的上午9点至下午6点。

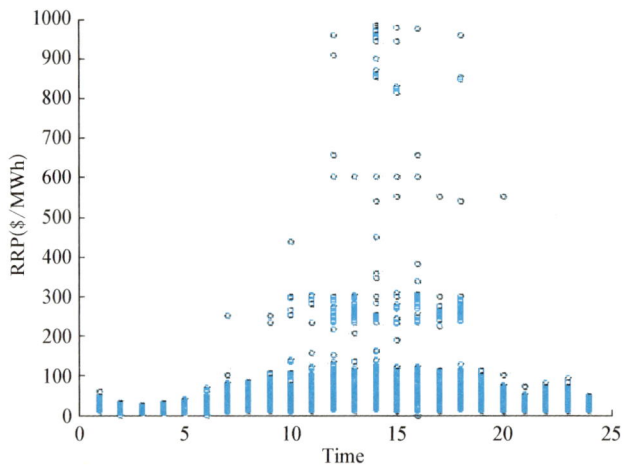

图4-17　时间刻度与本地区价格参考关系

特征7：已发生状况(Existence)。已发生状况是标记过去某一日发生价格突变的属性。一旦发生过突变，该日就被标记为发生。这种属性特征是在模型学习了历史数据后发现的现象，即在一定时期内，价格突变会相对集中的发生，而很少在某一日仅发生一次。统计分析也表明，在同一天发生突变后，96%会发生后继突变的状况，因而本书也将其列入影响特征因素中去。

如图4-18所示，2004年2月期间中有12天发生过价格突变。突变发生在某个给定日中大于10次。因此，这也解释了突变会由一些短期的事件所引发，如应变和传输拥塞等。同时，由于此类现象发生都会持续几个小时，因此价格突变在一定时间段内会一再的发生，并且这样的现象可以持续几个小时，但不超过一天。

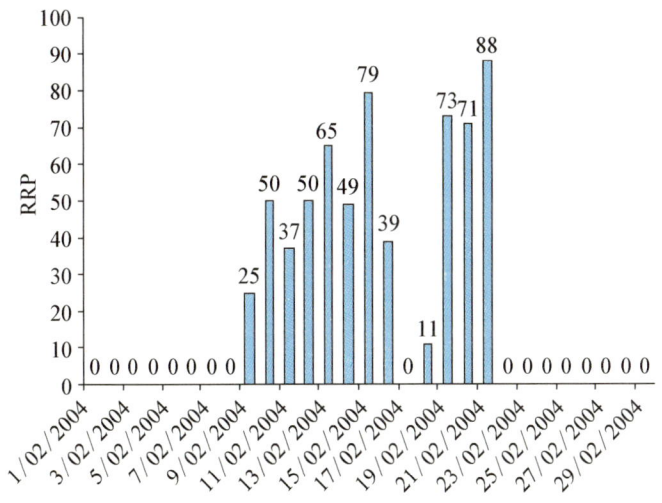

图4-18　已发生状况与本地区价格参考关系

本实验选择2003年9月至2004年5月作为训练数据[122]。从图4-19可见，预测价格与真实的实际价格非常接近。如图4-20所示，在大部分情况下预测误差小于20%，考虑到突变状态发生的随机性和多变量性，这个结果是可以接受的。同时从图中可以看到这一现象：即高置信度往往导致误差升高。这可以解释为：一个高的置信度表示一个峰值很高的突变发生的概率相对增高了。一个具有高峰值的突变在价格变动中引入了更大的不确定性，因此，预测模型就产生了相应较大的误差。

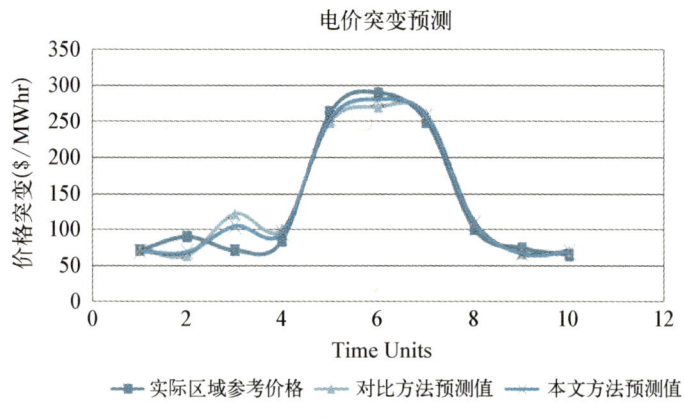

图 4-19　电价突变预测对比试验

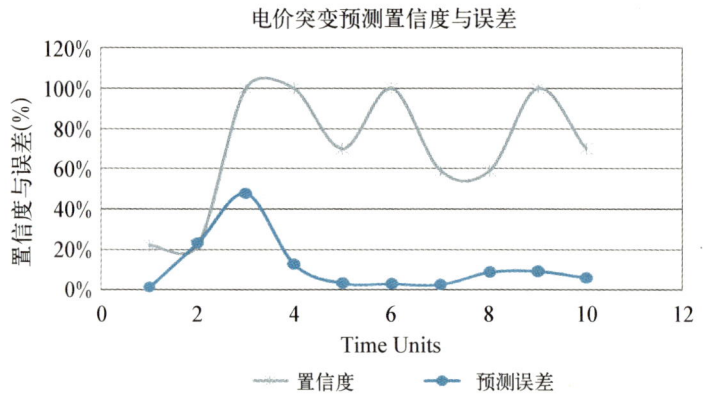

图 4-20　电价突变预测置信度与误差

4.5　本章小结

本章将云模型引入时间序列数据挖掘领域。结合海量数据空间搜索技术，提出了一类满足电力价格数值预测的新型模型和相应算法实现。

第4章 云特征挖掘模型与电价预测

首先对云理论做了简要的介绍,给出了多个云计算模型。

其次在获得线性区段以后,考察其走势特征——斜率,并将数值经云模型计算转换为相应的概念原子描述,这样就获得了对子序列特征的符号表示的语言描述形式。由前文介绍的随机投影方法,选择对象特征的子集在低维空间中快速发现频繁/特定等特征模式的候选项,而通过对这些候选项检索功能又可以实时搜索到其对应的原始时间序列的相关数据。通过分层概念的索引树结构和精确索引技术的应用,构成了一类关于电力价格规则集,通过这个模型实现伴随电价突变环境的电价预测功能。

利用本书的模型,成功地在电力决策支持系统中实现了高精度和高可靠性的电价预测,给出的实验数据,并与其他算法做了比较,结果显示本书提出的云特征挖掘模型具有很高的精度和可靠性,并且能在实时条件下正常运行。

第5章
容差粗集模型与客户信用度分析

建立良好的客户关系,是传统电力企业市场化后生存和发展的重要保证,不同的客户具有不同的内在价值,但由于企业资源的有限性,使其不可能为所有客户提供全面服务。因此有必要采取有效方法对客户进行分类,以发现内在价值高的客户,从而实行差异化管理。但由于客户分类问题涉及众多因素,且分类的标准由于分类目的的不同而有所不同,因此没有一种通用的方法适合各种客户分类问题。各企业必须根据客户数据库中已有的信息及自身管理的需要进行具体分类。

由于电力企业的特殊性及电力企业常年以来绝大多数由国家直接管理。导致许多分类仅限于从便于管理的角度进行。而随着近年来电力体制改革的不断深入、市场经济的发展及其他能源的激烈竞争,导致电力市场的供需关系在不断发生变化,客户对供电企业的服务要求也随之越高。客户关系管理在供电企业的应用会给企业带来巨大的市场空间,进一步提升供电企业的形象,已成为电力企业迫切需要解决的问题之一。所以极其有必要对供电企业客户关系管理系统进行深入的研究及建设。

虽然国内外有关学者对客户某一属性的分类已做到了科学化、细致化,但这些分类方法在全面综合评价客户时难免存在一定的局限性和不精确性。因此有必要在这些分类原则基础之上尽可能地加入一些综合评价标准(规则),以使其更加合理、精确。同时在实际的调研过程中,笔者注意到电业局的电费管理系统中存在大量的欠费记录,并且每年欠费数额巨大,欠费原因又各不相同。在处理具体欠费情况时,客户与管理人员之间常会在问题解决方式上发生矛盾冲突。此问题已成为电业管理局相当棘手又迫切需要解决的问题之一。同时在整个数据挖掘领域针对欠费客户管理的研究几乎处于空白。所以对欠费客户进行科学有效的分类,然后针对不同的欠费原因有针对性地做出不同决策,以方便处理电费的回收,也是数据挖掘在电力管理系统上的一个更为具体细致的研究方向。

本章以电力用户信用度分析为主题,通过容差粗集模型,提供基于数据挖掘的客户信用管理与决策模型。

5.1 粗集的基本知识[117]

5.1.1 信息表

知识表示是要研究用机器表示知识的可行、有效的、通用的原则和方法。现阶段,知识表示常用的方法有逻辑模式、框架、语义网络、产生式规则、状态空间、剧本等。在电力行业,大量的事务类、控制类和决策类数据都会以数据表的形式存在,而尽管数据表表现形式各异,但其表现方式却有共同的特征。本节介绍一类基于信息表的知识表达形式,它是粗集理论对知识表达和处理的基本工具。

在粗集理论中,对象的知识是通过指定对象的基本特征(属性)和它们的特征值(属性值)来描述的。

定义 5.1 信息系统,也称属性-值系统,又称知识表达系统,用一个四元组 S

$$S = <U, A, V, f> \tag{5-1}$$

来描述。其中,U 为一个非空集合,表示对象(或事例)的有限集合,$U = \{x_1, \cdots, x_n\}$;A 为一个非空集合,表示属性的有限集合,$A = \{A_1, \cdots, A_n\}$;V 为属性的值域集,$V = \{V_1, \cdots, V_n\}$,其中 V_i 是属性 A_i 的值域。$f: U \times A \to V$ 称为信息函数,$f(x_i, A_j) \in V_j$。为表示简单,有时用 (U, A) 表示信息系统。这样,知识表达可以用数据表表示,行代表对象,列代表属性,表中数值代表着对象的属性值,每行表示该对象的一条信息(对象)。

定义 5.2 设 $a \in A, x \in U$,则定义一个信息函数,由 $a(x)$ 表示,表示对象 x 的关于属性 a 的值,有序对 $(a, a(x))$ 表示属性-值对,表示属性 a 的值为 $a(x)$ 的所有对象的描述。

5.1.2 不可分辨关系

定义 5.3 在系统 $S = (U, A)$ 中,对于 $B \subseteq A$,则 B 在 U 上的不可辨关系定义为

$$IND(B) = \{(x_1, x_2) \in U \times U \mid b(x_1) = b(x_2), \forall b \in B\} = \bigcap_{b \in B} IND(\{b\}) \quad (5-2)$$

显然,$IND(B)$ 是一种属性关系,二元组 $AS = <U, IND(B)>$ 构成一个近似空间。由于属性与不可分辨关系之间存在着一一对应关系,所以这两个概念是等价的,可以相互替换。在不引起混淆的情况下,$IND(B)$ 可以简记为 B,既可以称为属性,也可以称为知识,或者关系。

性质 5.1 对于任意属性集 $B \subseteq A$,U 上的不可分辨关系 $IND(B)$ 也是一种等价关系。

定义 5.4 对于概念 $x \in U, B \subseteq A$,x 关于 B 的等价类定义为

$$[x]_B = \{y \in U \mid (x, y) \in IND(B)\} \quad (5-3)$$

它表示所有与 x 不可分辨的对象所组成的集合,换句话说,是由 x 决定的等价类,即 $[x]_B$ 的每个对象都与 x 有相同的特征属性 B。

性质 5.2 对于任一概念 $x \in U$,则 $[x]_B = \bigcap_{a \in B}[x]_{\{a\}}$

性质 5.3 对于任一概念 $x \in U$, $B' \subseteq B \subseteq A$,则 $[x]_B \subseteq [x]_{B'}$

性质 5.4 对于任一概念 $x \in U$, $B' \subseteq B \subseteq A$,则 $[[x]_B]_{B'} = [x]_B$

定义 5.5 对于 U 上的一个等价类 $[x]_B$,可以用

$$Des\{[x]_B\} = \wedge (b, b(x)), b \in B, \qquad (5-4)$$

对它的特性进行描述。

定义 5.6 等价关系 $IND(B)$ 把 U 划分为 k 个不相交的等价类,也称为关于 B 的基本集,记 $U/IND(B) = \{X_1, \cdots, X_k\}$,表示关系 $IND(B)$ 在 U 上的等价类族,简记为 U/B,为了方便起见,我们将空集也认为是基本集。

定义 5.7 在近似空间 AS 中的若干个基本集的并集称之为 AS 中的可定义集,AS 中所有的可定义集族记为 $Def(AS)$。

5.1.3 集合的下近似及上近似

粗集理论延拓了经典的集合论,把用于分类的知识迁入集合内,作为集合组成的一部分。一个对象 x 是否属于集合 X 根据现有的知识来判断,可以分为三种情况:

对象 x 肯定属于集合 X;

对象 x 肯定不属于集合 X;

对象 x 可能属于也可能不属于集合 X。

集合的划分密切依赖于我们所掌握的关于论域的知识,是相对的而不是绝对的。

定义 5.8 在近似空间 AS 中,对任意一个对象集合(概念)$X \subseteq U$,X 关于 B 的下近似、上近似分别定义为:

$$B(X) = \bigcup \{Y \in U/IND(B) \mid Y \subseteq X\} \qquad (5-5)$$

$$\overline{B}(X) = \bigcup \{Y \in U/IND(B) \mid Y \cap X \neq \Phi\} \quad (5-6)$$

其中,下近似 $\underline{B}(X)$ 表示对于知识 B,U 中所有一定能归入 X 的元素的集合,上近似 $\overline{B}(X)$ 表示对于知识 B,U 中所有可能归入 X 的元素的集合。进一步,X 关于 B 的正域与负域分别定义为

$$POS_B(X) = \underline{B}(X), \quad NEG_B(X) = U - \overline{B}(X) \quad (5-7)$$

而集合

$$BND_B(X) = \overline{B}(X) - \underline{B}(X) \quad (5-8)$$

称之为 X 关于 B 的边界,表示对于知识 B,U 中所有既不能归入 X 也不能归入 $\overline{X}$(X 的补集)的元素的集合。如果 $BND_B(X)$ 为空集,则称 X 关于 B 是清晰的(crisp);反之则称集合 X 关于 B 是粗糙的(rough)。图 5-1 形象化地描述了上述的几个概念[118]。

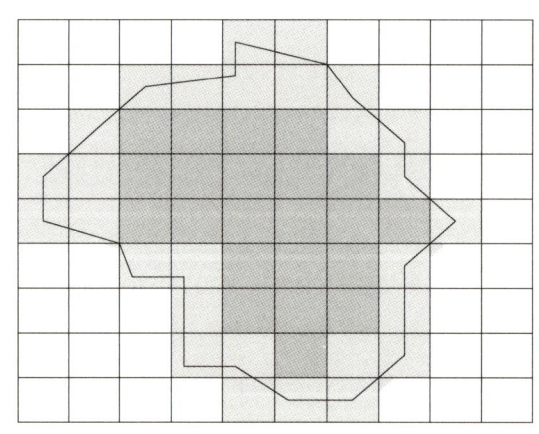

图 5-1 粗集定义

定义 5.9 $(\underline{B}(X), \overline{B}(X))$ 称为粗集(rough set),具有下列性质:

$\underline{B}(X) \subseteq X \subseteq \overline{B}(X) \qquad \overline{B}(\Phi) = \Phi = \underline{B}(\Phi)$ 且 $\overline{B}(U) = U = \underline{B}(U)$

$\overline{B}(X \cup Y) = \overline{B}(X) \cup \overline{B}(Y)$ $B(X \cap Y) = B(X) \cap B(Y)$

$B(X \cup Y) \supseteq B(X) \cup B(Y)$ $\overline{B}(X \cap Y) \subseteq \overline{B}(X) \cap \overline{B}(Y)$

$B(-X) = -\overline{B}(X)$ $\overline{B}(-X) = -B(X)$

$B(B(X)) = \overline{B}(B(X)) = B(X)$ $\overline{B}(\overline{B}(X)) = B(\overline{B}(X)) = \overline{B}(X)$

$X \subseteq Y$ 蕴含 $B(X) \subseteq B(Y)$ $X \subseteq Y$ 蕴含 $\overline{B}(X) \subseteq \overline{B}(Y)$

上近似、下近似及边界区等概念称为可分辨区，刻画了一个边界含糊集合的近似特性，近似精度和粗糙度是被用来描述集合的粗糙程度的数字特征。

定义 5.10 $X \subseteq U$ 的近似精度定义为（$card()$ 表示集合的基数或势）

$$\alpha_B(X) = card(B(X))/card(\overline{B}(X)) \tag{5-9}$$

它用来反映对于了解集合 X 的知识的完全程度。

定义 5.11 $X \subseteq U$ 的粗糙度可以表示为

$$P_B(X) = 1 - \alpha_B(X) \tag{5-10}$$

表示集合 X 的不确定程度，一个高的粗糙度等价于一个低的近似精度。

显然，对于每一个 $B \subseteq A$ 且 $X \subseteq U$，有 $0 \leqslant \alpha_B(X) \leqslant 1$；当 $\alpha_B(X) = 1$，X 关于 B 的边界域为空，集合 X 是关于 B 可定义的，是清晰的；当 $\alpha_B(X) < 1$，则集合 X 有非空边界域，该集合是关于 B 不可定义的，是粗糙的。

定义 5.12   令 $E, X \subseteq U$，则 E 在 X 中的粗隶属函数为

$$\mu(E, X) = card(E \cap X)/card(E) \tag{5-11}$$

显然，$0 \leqslant \mu(E, X) \leqslant 1$。对于 $x \in U, X \subseteq U, B \subseteq A$，则 x 在 X 中的粗隶属函数为

$$\mu_B(x, X) = card([x]_B \cap X)/card([x]_B) \tag{5-12}$$

显然，$0 \leqslant \mu_B(x, X) \leqslant 1$。粗隶属函数也可以用来定义集合 X 的近似和边界区：

$$\underline{B}(X) = \{x \in U \mid \mu_B(x, X) = 1\} \quad (5-13)$$

$$\overline{B}(X) = \{x \in U \mid \mu_B(x, X) > 0\}$$

$$BND_B(X) = \{x \in U \mid 0 < \mu_B(x, X) < 1\} \quad (5-14)$$

从上面的定义中可以看出，粗集理论中"含糊"和"不确定"这两个概念之间的关系："含糊"用来描述集合，指集合的边界不清楚，根据论域中现有知识无法判定某些元素是否属于该集合；而"不确定"描述的是集合中的元素，指某个元素是否属于某集合是不确定的。

定义 5.13 对于每一个 $B \subseteq A$ 且 $X \subseteq U$，则有如下定义：

当 $\underline{B}(X) \neq \Phi$，且 $\overline{B}(X) \neq U$，则称 X 为关于 B 粗糙可定义；

当 $\underline{B}(X) = \Phi$，且 $\overline{B}(X) \neq U$，则称 X 为关于 B 内不可定义；

当 $\underline{B}(X) \neq \Phi$，且 $\overline{B}(X) = U$，则称 X 为关于 B 外不可定义；

当 $\underline{B}(X) = \Phi$，且 $\overline{B}(X) = U$，则称 X 为关于 B 全不可定义。

这个划分的直观意义是这样的：当 $\underline{B}(X) = \overline{B}(X)$ 时，我们称 X 为关于 B 可定义的，表示根据属性 B 的等价类可以完全确切地表达 X，也就是 X 可以用关于 B 的知识来定义。对于粗集，就是指不能完全确切地根据属性 B 的等价类来表达 X 的集合，故当集合 X 为关于 B 粗糙可定义的，则意味着我们可以确定 U 中某些元素是否属于 X 或 $-X$。当 X 为关于 B 内不可定义的，则意味着可以确定 U 中某些元素是否属于 $-X$，但不能确定 U 中的任一元素是否属于 X。当 X 为关于 B 外不可定义的，则意味着可以确定 U 中的某些元素是否属于 X，但不能确定 U 中的任一元素是否属于 $-X$，X 为关于 B 全不可定义的，则不能确定 U 中任一元素是否属于 X 或 $-X$。这反映了粗集的拓扑特征。

粗集的数字特征表示了集合边域的大小，但没有说明边界的结构；而粗集的拓扑特征没有给出边界域大小的信息,它提供的是边界域的结构。边界区域是粗集理论的一个重要贡献,这个概念第一次使研究者可以研究矛盾对象的性质[118]。

从上述定义可以看出,粗集理论中的含糊和不精确性之间具有一定的联系。含糊是关于集合而言,有拓扑味,而不精确性是关于集合的元素而言,有概率性能。所以当我们说含糊时,近似是必要的,而当我们考虑不精确数据时,粗隶属度是需要的。

5.1.4 约简与核

在信息科学中,一个常见的问题是能不能用更少的知识表达出同样的概念。在粗集理论中,人们能够在具有相同的分辨能力下,进行知识的约简,达到这一目的。

假定给定研究对象的论域 U,子集 $X \subseteq U$ 表示 U 中的一个概念,U 中的知识即表现为概念的族集,一个 U 上的分类族定义为 U 上的知识库,它构成了一个特定的分类。这样,知识库表达了一个或一组智能机构的各种基本分类方式,构成该机构所需的定义域环境或其本身关系的基础构件。

为便于数学推导,在粗集中以等价关系代替分类。定义 R 表示论域 U 中一种关系,它可以是一种属性的描述,也可以是一个属性集合的描述;既可以是一种变量,也可以是一种规则[119]。

定义 5.14 设 R 为属性集(等价关系),且 $r \in R$,如果 $IND(R) = IND(R-\{r\})$,称 r 为 R 中可省略的,否则 r 为 R 中不可省略的;如果 R 中的任意一个属性是 R 中不可省略的,则 R 是独立的;对于属性子集 $P \subseteq R$,若存在 $Q = P-\{r\}$,$Q \subseteq P$,使得 $IND(Q) = IND(P)$,且 Q 为最小子集(即 Q 为独立的),则 Q 称为 P 的约简,记为 $RED(P)$。一个属性集合可能有多种约简。约简是知识特征中不可缺少的部分。

定义 5.15 核是 P 中所有的约简属性集都包含的不可省略关系的集

合,记作

$$CORE(P) = \bigcap RED(P) \qquad (5-15)$$

核是知识化简时不能消去的知识特征部分的集合,核可能为空[120]。

定义 5.16 设 $F = \{X_1, \cdots, X_n\}$,$X_i \subset U$ 是 U 的子集族。则它在近似空间 AS 中关于 B 的下近似族、上近似族分别定义为

$$\underline{B}(F) = \{\underline{B}(X_1), \cdots, \underline{B}(X_n)\}$$
$$\overline{B}(F) = \{\overline{B}(X_1), \cdots, \overline{B}(X_n)\} \qquad (5-16)$$

定义 5.17 如果 $X_i \cap X_j = \Phi$,$1 \leqslant i, j \leqslant n$,且 $i \neq j$,$\bigcup_{i=1}^{n} X_i = U$,则 F 为 U 的分类,其在 AS 中的分类精度、分类质量分别定义为

$$\beta_B(F) = \frac{card(\bigcup_{i=1}^{n} \underline{B}(X_i))}{card(\bigcup_{i=1}^{n} \overline{B}(X_i))}; \eta_B(F) = \frac{card(\bigcup_{i=1}^{n} \underline{B}(X_i))}{card(U)} \qquad (5-17)$$

由于在粗集理论中包含了约简、核与边界区域等新概念,它为数据挖掘研究提供了有力的工具。在数据挖掘的首要任务是根据用户的需求,获得给定数据集合的一个约简,因而需要从数据集合中删除所有无关的数据。约简是一个特殊的概念,其本意是属性集合的一个子集,其中的所有属性应该满足 $p \in C$,$POS_C(D) \neq POS_{C-\{p\}}(D)$(其中 C 是一个约简,POS 是正区域)。这个公式说明,对 C 中的所有属性,如果删除其中一个属性,将改变正区域,即增加矛盾对象的数量。这意味着约简是使得矛盾对象集合不改变的相对最小的属性集合,因此约简可以作为规则集合的基本单元[121]。

核是另一个重要的概念。它同样是属性集合的一个子集,但是不同于约简,对给定数据集合(严格地说,应该是信息系统或决策表),核是唯一的,并且对核中的任一属性,在对象集合中一定至少存在一对对象,它们之

间的差别只有这个属性的值,因此核反映了信息系统的本质。核的另一个重要的性质是:如果 R 是给定信息系统的约简,则对以 C 构成的新信息系统,C 是这个新信息系统的核,这个性质对发现例外主旨有重要的意义。

粗集理论为数据挖掘的研究提供了一个理论框架,包括关联规则等研究同样可以纳入这个框架,只要在信息系统中根据需求(或领域知识)确定不同的决策属性即可。

5.1.5 决策系统

定义 5.18 在信息系统 $S = (U, A)$ 中,属性集 A 常常又划分为两个集合 C 和 D,且 $A = C \cup D$, $C \cap D = \Phi$,其中 C 表示条件属性,D 表示决策属性,此时的信息系统又称为决策系统,记为 $(U, C \cup D)$。不失一般性,具有 k 个属性的决策属性 D 完全可以用一个单一属性 d 来表征,因而决策系统也可以表示为 $(U, C \cup \{d\})$。

定义 5.19 设 $S = (U, C \cup D)$ 一个决策系统,如果任意 $X_i \in U/IND(C)$,一定存在 $Y_j \in U/IND(D)$,使得 $X_i \subseteq Y_j$,那么系统是确定(协调)的,否则系统是不确定(协调)的。

定义 5.20 设 $S = (U, C \cup \{d\})$ 是一个决策系统,对于任意元素 $x \in U$,其泛化决策 $\delta_C : U \to 2^{V_d}$ 被定义为

$$\delta_C(x) = \{v \mid \exists x' \; s.t. \; \{(x, x') \in IND(C), d(x') = v\}\}$$

(5 - 18)

进一步,对于任意分类 $E \subseteq U$,其泛化决策为

$$\delta_C(E) = \bigcup \{\delta_C(x) \mid x \in E\} \quad (5-19)$$

性质 5.5 如果一个决策系统是确定的,当且仅当对于任意元素 $x \in U$,其 $card(\delta_C(x)) = 1$。

定义 5.21 在决策系统 $(U, C \cup D)$ 中,设 $B \subseteq C$, $U/IND(B) =$

$\{X_1, \cdots, X_k\}$,而 $U/IND(D) = \{Y_1, \cdots, Y_r\}$,表示为决策类,则 B 关于 D 的正域、负域分别定义为

$$POS_B(D) = \bigcup \{X_i \mid X_i \in Y\},$$
$$NEG_B(D) = U - \bigcup \{X_i \mid X_i \cap Y \neq \Phi\}$$
(5-20)

正域包含着基于条件属性 B 所得的等价类能够归入基于决策属性所得的等价类的所有对象集合;而负域包含着基于条件属性 B 所得的等价类不能够归入基于决策属性所得的等价类的所有对象集合。

定义 5.22 对于属性 $p \in C$,如果 $POS_C(D) = POS_{C-\{p\}}(D)$,则 p 在决策表中相对于 D 是可省略的,否则是不可省略的。如果 C 中的任意一个属性关于 D 是不可省略的,则 C 关于 D 是独立的;对于 $B \subseteq C$,如果 $POS_C(D) = POS_B(D)$,而且 B 关于 D 是独立的,则 B 是 C 关于 D 的相对约简,相对约简可以理解为在不丢失信息的前提下,可以最简单地表示决策系统的决策属性对条件属性集的依赖和关联,记为 $REDU(C, D)$,一般情况下,C 关于 D 的相对约简有多个。

定义 5.23 C 关于 D 的相对核定义为所有属性集属于 C 关于 D 的相对约简集的交集,即

$$CORE(C, D) = \bigcap REDU(C, D) \quad (5-21)$$

核有可能为空。

定义 5.24 D 对于 B 的依赖度定义为

$$K(B, D) = card(POS_B(D))/card(U) \quad (5-22)$$

$K(B, D)$ 反映了依据 B 把对象 U 划分为概念 D 的分类能力,提供了 B 与 D 之间的依赖测度。

不同属性在决定条件属性与决策属性间的依赖关系时,可起不同的作用。对于 B 和 D 之间的依赖关系的影响重要性可以用有效因子 SGF

表示。

定义 5.25 对于属性 $p \in B$,如果 $K(B-\{p\}, D) = K(B, D)$,则 p 在决策表中关于 D 是可省略的,否则是不可省略的。而属性 p 在 B 和 D 中的重要度定义为

$$SGF(p, B, D) = K(B, D) - K(B-\{p\}, D) \qquad (5-23)$$

分辨矩阵由波兰华沙大学 Skowron 提出的,用来计算知识的相对约简,但是计算量以及所需要的空间储存量度很大。

定义 5.26 令 $S = (U, C \cup \{d\})$ 是一个信息系统,其中 U 为论域且 $U = \{x_1, \cdots, x_n\}$,C 是条件属性,$c(x_i)$ 是对象 x_i 在属性 c 上的值,d 是决策属性,则元素 C 的分辨矩阵可表示为 $M(C) = \{m_{i,j}\}_{n \times n}$ 定义为

$$m_{ij} = \begin{cases} \{c \in C \mid c(x_i) \neq c(x_j)\} & if \quad d(x_i) \neq d(x_j) \\ \Phi & else \end{cases} \qquad (5-24)$$

$M(C)$ 是一个零对角线的对称矩阵,可以表达为一个下三角矩阵,并且只需要计算 m_{ij},$1 \leqslant j \leqslant n$ 即可求出。分辨矩阵的元素 m_{ij} 包含了能够区分元素 x_i 和 x_j 的所有属性。

从辨识矩阵中能够直接求出核,它可以定义为分辨矩阵 $M(C)$ 中所有单一元素的并,即

$$CORE(C, D) = \{c \in C \mid m_{ij} = \{c\}\} \qquad (5-25)$$

而约简可以定义为

$$RED(C, D) = \{B \mid B \subseteq A, B \cap m_{ij} \neq \Phi, \forall i, j \in n\} \qquad (5-26)$$

进一步,如果 $U/IND(C) = \{X_1, \cdots, X_n\}$,则分类的分辨矩阵 $M(C, D) = \{m_{i,j}\}_{n \times n}$ 定义为

$$m_{ij} = \begin{cases} \{c \in C \mid c(X_i) \neq c(X_j)\} & if \quad \delta_C(X_i) \neq \delta_C(X_j) \\ \Phi & else \end{cases} \qquad (5-27)$$

$V_d = \{V \mid d(x) = v, \forall x \in U\}$ 被称为分辨框,而 $card(V_d)$ 称为属性 d 的阶。

尽管粗集理论的重要性不在其逻辑系统,但其对计算机科学还是有重要的贡献:这个理论使用不可分辨关系规范了符号机器学习。另外,在这个理论中第一次提出了约简、核与边界区域等概念,这些概念的本质是强调对信息系统的约简,这样,使得这个理论可以作为数据挖掘研究的理论基础。

5.2 容差粗集

由以上的分析可知粗集理论是在机器学习、知识获取、决策分析,数据库的知识发现、归纳推理、专家系统、决策支持系统和模式识别领域处理未确定性的、模糊性的一种数学工具。在不可分辨关系下的粗集基于满足自反性、对称性和传递性的不可分辨关系,但在数据分类中用不可分辨关系很难描述数据间的相似性,因为相似关系是不可传递的[122]。如有 X 和 Y 在一类中,而 Y 和 Z 在另一类中,并不能保证 X 和 Z 在同一类中。因此在数据分类中遇到的这个问题促使我们拓展传统的粗糙集理论,这就是容差粗集。

定义 5.27 设 $R = (U, C \cup \{d\})$ 是一个决策表,其中 U 是一组元素集合(对象,样例), C 是一组条件属性, d 是决策属性。每个条件属性值 $c \in C$ 有对应的一组值 V_c,称为属性域,并且设 $r(d)$ 为决策值的个数。设 $Tol_c = \{\Re_c \mid \Re_c \in V_c \times V_c, c \in C\}$ 为一组容差关系,其中每一个容差关系均满足:

自反性: $\forall v \in V_c, v \Re_c v$

对称性: $v_1 \Re_c v_2 \rightarrow v_2 \Re_c v_1$

当属性值 $c(x)$ 和 $c(y)$ 满足 $c(x) \Re_c c(y)$,则称为两个对象 x 和 y 相对

于属性 c 相似。更进一步,如果 $c(x)\Re c\,c(y)$,称对象 x 和 y 对于所有属性 C 都相似,可表示 $x\,\Psi_C\,y$。

一个对象 x 的容差粗集 $TS(x)$ 定义如下:

$$TS(x) = \{y \in U, x\Psi_C y\} \quad (5-28)$$

定义 5.28 对应所有属性 C 具有容差关系的集合 $Y \subseteq U$ 的下近似 $\underline{\Psi}_C(Y)$ 和上近似 $\overline{\Psi}_C(Y)$

$$\underline{\Psi}_C(Y) = \{y \in U \mid TS(y) \subseteq Y\} \quad (5-29)$$

$$\overline{\Psi}_C(Y) = \{y \in U \mid TS(y) \cap Y \neq \Phi\} \quad (5-30)$$

在容差关系下的两种近似与在不可分辨关系下的意义相似。设 $Y_i = \{x \in U \mid d(x) = i\}$,集合

$$POS(\Psi_C, \{d\}) = \bigcup \{TS(x) \mid \exists i, TS(x) \subseteq Y_i\} \quad (5-31)$$

称为关于 Ψ_C 的正域。参数

$$\lambda(\Psi_C, \{d\}) = card(POS(\Psi_C, \{d\}))/card(U) \quad (5-32)$$

为分类的近似精度。它表示所有集合 Y 相对于决策表中被正确分类的比率。

为了数据中的构造容差关系,需要定义一个相似测度来定量地描述对象属性值之间的紧密程度。设在两个对象 x 和 y 之间对应于属性 c 的相似测度为 $Similarity_C(x, y)$。那么,如果当 $Similarity_C(x, y) \leqslant threshold(c)$,称对象 x, y 对应于属性 c 是相似的。其中,$threshold(a)$ 是介于 $[0,1]$ 的对应属性 c 的相似阈值。所以,能够将容差关系于相似测度联系在一起:

$$c(x)\Re c\,c(y), iff\ Similarity_C(x, y) \leqslant threshold(c) \quad (5-33)$$

在分类问题中,往往用经过归一化处理的距离函数作为相似测度相似

尺度，即 $Similarity_c(x, y) = d(c(x), c(y))/d_{max}$ (d_{max} 是两对象间的距离最大值)。具体的距离函数的选择往往取决于实际应用。在本书中，我们选择属性间的欧几里得距离。

两个对象 x 和 y 对所有属性的相似测度 $Similarity_C(x, y)$ 定义为所有属性相似值的加权平均和：

$$Similarity_C(x, y) = \sum_i \alpha_i Similarity_c(x, y) \quad (5-34)$$

式中，α_i 是一个介于 $[0, 1]$ 的数，且 $\sum_i \alpha_i = 1$，在同一时刻，考虑所有属性 C 这一极端状况，我们可以将容差关系与相似测度联系起来：

$$x\Psi_C y \Leftrightarrow Similarity_C(x, y) \leqslant threshold(C) \quad (5-35)$$

$threshold(C) \in [0, 1]$ 是相似阈值。在利用相似测度来进行模式分类时，问题的核心就转化为相似阈值 $threshold(C)$ 和权重因子 α_i 的选择。

5.3 遗传算法与参数选择

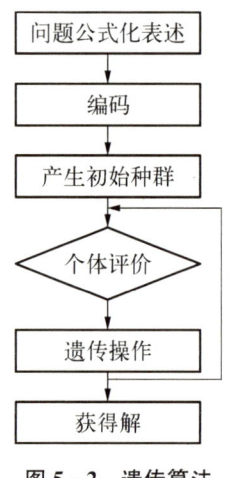

图 5-2 遗传算法

Holland 首先提出的遗传算法是一种基于种群的迭代式自适应算法，它利用选择、重组和变异等基于自然选择生物进化理论的操作来获取优化解。已有的应用表明 GA 是搜索、优化和机器学习的强有力的方法[123]。遗传算法是一个群体优化过程，为了得到目标函数的最大(小)值，不是从一个初始值出发，而是从一组初始值出发进行优化。这一组初始值好比一个生物群体，优化过程就是这个种群繁衍、竞争和遗传、变异的过程(如图 5-2 所示)。

第 5 章 容差粗集模型与客户信用度分析

遗传算法的主要有以下步骤[124]：

(1) 设置初值。

(2) 竞争：这一步是先根据优生的原则，选择初群体(初始值组)中的若干个体来产生下一代。例如可以根据目标函数值的大小决定个体被选中的概率，并按照这个概率选择初始群体中的个体，以体现优生原则。

(3) 繁衍：它包括演化、杂交和变异。可以简单地采取类似于上文提到的优化步骤，也可以采取变异或杂交算法。在离散变量优化问题中，一种常见的杂交方法是：对两个选中的个体，决定性地或随机地取它们中的各自的一段相同维数的分量，互换对接成两个个体，称之为子代。针对不同的实际问题，可以根据原先对所需优化的问题的了解，选择其他的繁衍方式。

以子代代替父代，反复进行步骤(2)和(3)，不断产生后代，直至目标函数在整个群体中的最大(小)值不能在继续优化。

5.3.1 染色体表示

当使用 GA 来确定优化的容差模型相似阈值时，GA 的输入为决策表 $R = (U, C \cup \{d\})$ 及相似测度，输出量则是一组优化后的相似权重因子 α_i 和相似测度阈值 $threshold(C)$。当一个对象由 n 个属性所描述时，GA 的染色体由 $n+1$ 个连续的真值 $[\alpha_{c1}, \alpha_{c2}, \cdots, \alpha_{cn}, threshold(C)]$ 组成的，其中 $\alpha_{ci}(i=1,2,\cdots,n)$ 表示第 i 个属性的权重。$threshold(C)$ 表示将所有特征属性一起考虑的容差关系的相似阈值。

5.3.2 初始种群和适应函数选择

染色体上的基因值初始选择用 $[0,1]$ 之内的随机数作为权重值，相似阈值的初始值则选择区间 $[0.001, 0.5]$ 之间的随机数。初始种群数设为 $2|C|$，$|C|$ 是 C 的个数。为了避免绝大多数或全部对象 $card(\{TS(x) \exists i: TS(x) \subseteq Y_i\}) = 1$，适应函数选择：

$$Fitness(\Psi_C) = (card(\bigcup \{TS(x): \exists i, TS(x) \subseteq Y_i \text{ and } card(TS(x))$$
$$> 1\}) + \varepsilon \times card(\bigcup \{TS(x): card(TS(x))$$
$$> 1\}))/card(U) \quad (0 \leqslant \varepsilon < 1) \quad (5-36)$$

显然,适应函数满足 $Fitness(\Psi_C) \leqslant \lambda(\Psi_C, \{d\})$。

5.3.3 遗传操作

这一步,通过遗传操作获得一组优化的模式分类相似阈值。

(1) 选择:所有的种群个体基于适应度排列,其中第一个为适应度最佳值。在我们算法中,所有个体将参与杂交。将第 i 个个体与第 $i+1$ 个个体杂交,产生 $|C|$ 个新种群,(式中 $i=1, 2, \cdots, |C|$)。如果产生的子代的适应度小于其父代的适应度,则将其父代个体代替子代计入新产生群体之中,这样,系统总是会产生更高适应度的子代。同时,算法将第 i 个个体与第 $2|C|+1-j$ 个个体进行杂交已产生新一代的 $|C|$ 个新个体。(因为种群规模要保持 $2|C|$)。因此,总的 $2|C|$ 种群个体适应度要大于上一代,父代的二个适应度一个高一个低,平均以后,得到适应度提高。

(2) 杂交:两个被进行杂交的个体分别称为父-1,父-2,设父-1 个体的适应度大于或等于父-2 的适应度。对于相似阈值 $threshold(C)$,取两个个体的适应度的平均值作为其子代的适应度。

对于权重因子,杂交产生子代的步骤如下:

步骤 1:在父-1 染色体的基因 w_a 和父-2 个体中相同位置基因 w_b,如果 $w_a = w_b$,则将 w_a 置入子代的同一位置;

步骤 2:设子代中未设的基因数为 m:

如果 $m < 4$,设每个位置中基因值等于其 2 个父体中同位置值的平均。

如果 $m \geqslant 4$,则选择从父-1 个体中随机选择 $[m+1]/2$ 个基因参与组合杂交。设这些基因值之和与 Step 1 中产生的基因值之和为 SUM_1,设在父-2 与相同位置(子代未设置基因位置)的基因数和基因值之和分别为 n'

与 SUM_2。对于子代中未置值的位置上,如果 $SUM_2 = 0$,那么设 $(1-SUM_1)/n'$ 到相应的位置,否则设为 $Gene_{P-2}(1-SUM_1)/SUM_2$ ($Gene_{P-2}$ 是父-2 中对应位置的基因),这样结果可保证子代中所有权重之和为 1。

(3) 变异:随机选择二个权重因子进行变异操作,将一基因对($Gene_1$, $Gene_2$)替换成($Gene'_1$, $Gene'_2$),其中 $Gene_1 + Gene_2 = Gene'_1 + Gene'_2$,保持权重之和不改变。对于 $threshold(C)$,产生 $[-0.02, 0.02]$ 的随机数 t,并设 $threshold = t + threshold(C)$。

(4) 相同个体的差异。在进行杂交和变异以后对种群中执行相同个体的筛选。通过变异使得种群中的个体间保持差别,不出现相同个体。

5.3.4 验证实验

现在将容差粗集-遗传寻优方法,结合到 K 最小邻近分类算法内,验证该方法的可行性。为方便起见,设 $DTS(x) = \{y(TS(x): d(x) = d(y))\}$,设 U 为训练数据集;$\beta \in [0,1]$ 是基于容差关系选择测试集对象的数量阈值。

步骤 1:决定优化相似阈值(使用 GA)

① 读训练数据集;

② 确定相似测度;

③ 产生初始种群;

④ 执行遗传算法;

⑤ 确定优化相似阈值。

步骤 2:确定 k 最小邻居分类算法对象

$$TO1 = \{x \in U: card(DTS(x)/card(TS(x)) = 1\}$$

$$TO2 = \{x \in U: 1 > card(DTS(x)/card(TS(x)) \geq \beta\}$$

If 剪枝

$$TO1 = \{x \in TO1: no\ y \in TO1\ s.t.\ (DTS(x) \subseteq DTS(y))\};$$

$$TO2 = \{x \in TO2: no\ y \in TO2\ s.t.\ (DTS(x) \subseteq DTS(y))\};$$

End;

$$TO = TO1 \bigcup TO2$$

步骤 3：分类

对未知对象 u，以尽可能小的 k 值，利用 k 最邻近方法对 u 进行分类。也就是说，在 TO 中，如果仅有一个具有相似测度 $Similarity_C(x, u)$ 最小值的对象 x，那么将 u 的归入 $d(x)$ 类中。如果有两个对象带有最小值 $Similarity_C(x, u)$，且就两个对象不属于同一类中，我们就检查次最小值 $Similarity_C(x, u)$。如果还不能确定属于哪一类，则重复调用过程知道可以分辨为止。

为了评价本章提出的基于容差粗集的 k 最小邻近算法的分类精度，我们选择了 15 个相关序列数据作为实验对象，这些数据均来自 UCI 机器学习库中，具体的数据特征见表 5-1[125]。实验比较算法是决策树 C4.5 算法和不带加权的 k 最邻近算法。训练数据来自同一数据集，一般选择 15%~20% 的数据量作为训练数据，而剩余的作为测试数据。

表 5-1　实验数据的特征

数 据 集	数据量	属性个数	分类数	有否数据遗失
adult	48842	14	2	Y
Breast cancer Wisconsin (Original)	699	10	2	Y
Credit Approval	690	15	2	Y
Echocardiogram	132	12	2	Y
Ionosphere	351	34	2	N
Mammographic Mass	961	6	2	N

续 表

数 据 集	数据量	属性个数	分类数	有否数据遗失
MONK's Problems	432	7	2	N
Shuttle Landing Control	15	6	2	N
Chess (King - Rook vs. King - Pawn)	3196	36	2	Y
Molecular Biology (Splice - juction Gene Sequences)	3190	61	2	Y
Mushroom	8124	22	2	Y
Parkinsons	197	23	2	Y
Tic - Tac - Toe Endgame	958	9	2	N
Congressional Voting Records	435	16	2	Y
Pima Indias Diabetes	768	8	2	N

对相似阈值和权重因子优化使用传统遗传算法。算法的参数选择如下：适应度在 0 到 100 代时 $\varepsilon=0$，从第 100 代开始 $\varepsilon=0.67$；种群数量取 $|C|$；繁殖率取 0.1；杂交率取 0.65；变异率取 0.16；进化代数取 2Size(training data)；相似阈值上限取 0.5。由于，同样的适应度下，相似阈值的取值有不同，因此，对基于容差粗集的最小邻近算法分类精度取 10 次平均值。

图 5-3 显示了三种算法对 15 个不同数据集进行分类试验的精度比较。从图中可看出，本章提出的基于容差粗集的最小邻近算法对不同的特征数据都有较高的精度，比常用的 C4.5 和不带权重最小临近分类算法的精度都来得高。

第二，为了考察容差粗集对信息表的约简对数据分类的影响，我们选择了不同的数据对象覆盖度，考察分类精度。分别取 $\beta=0,1,0.67$，选择相应数量的对象进行分类测试。当 $\beta=0$，意味着选择所有数据对象进行最小邻居分类，而当 $\beta=1$，仅选择 TO1 的对象作为分类处理对象。由图 5-4 可知，在不同大小的约简集下，对数据进行分类的精度是基本一致的。

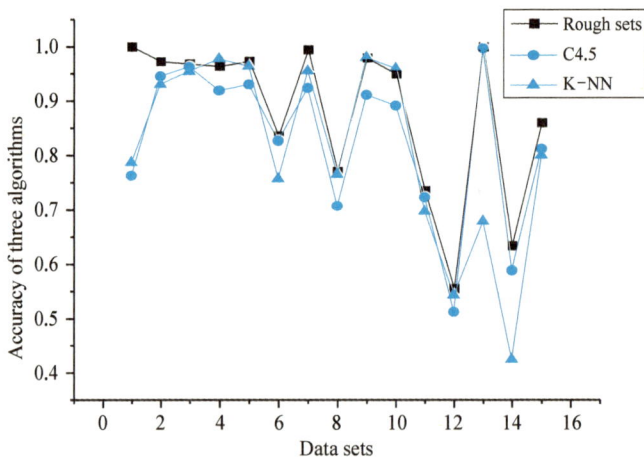

图 5-3　三种算法的分类精度比较

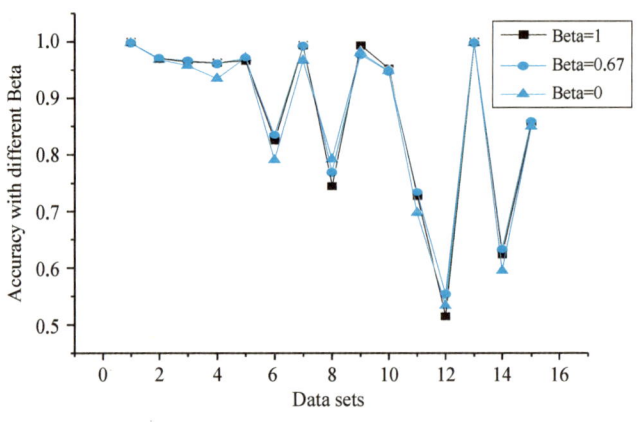

图 5-4　不同约简集下的分类精度

5.4　容差粗集模型在电力用户信用度分析中应用

5.4.1　电力客户信用分析

对大型电力生产、销售公司而言,分析电力消费企业(用电户)的用电信用是一项非常重要的工作,因为稍有不慎,劣质用电户就会给公司带来重大经济损失。

由于客户信用评价在电力企业业务中的重要地位,原有系统计算得出的信用等级,如果发生变动,均需要财务、营销人员再进行人工分析确认。本次项目专题的第二子项,即对电力决策支持系统中客户数据分析进行完善提高,能通过对历史数据和操作决策进行分类,找出隐含其中的内在规则。指导当用户信用等级发生变化时,营销、财务工作人员进行相应操作。

实质上,新需求体现了这样的要求:对于客户信用评价问题,不仅要在面向处理的层面上解决,还应进一步定位于面向分析,面向规则获取和知识发现的层面,这样才能更有效的完成决策支持的任务。

用电客户的历史信用情况可以通过客户信用等级来体现。企业对用电客户的信用等级依据① 是否存量客户;② 是否具有欠缴电费历史记录;③ 是否为当前欠缴电费用户区分用电户的信用等级,并制定出相应的奖惩措施。要求在每个合同周期,可以根据对客户的历史业务数据自动地核定每一个客户的信用等级,以供采取切实有效的销售策略,制定有效的谈判策略。

5.4.2 基于容差粗集方法的客户信用分析

首先采用基于决策属性支持度的连续属性离散化方法对连续属性进行离散化处理,通过设置相似阈值,分别对 2006 年度和 2007 年度的客户信用等级变化进行了分析,从中发现与客户信用变化密切相关的重要条件属性子集,挖掘信用变化的规则。

1. 数据整理和准备

将客户信用分析的目标定在分析其信用等级变化的原因上,因此,以"客户信用等级变化"为决策属性。

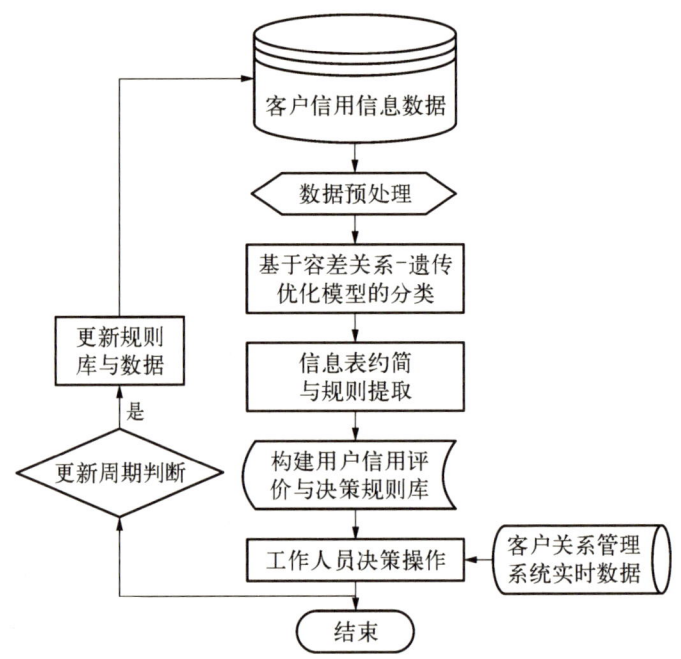

图 5-5　基于容差粗集的规则发现与决策支持模型

记客户信用评价功能核定的新的客户信用等级为 C_{NEW}，原客户信用等级为 C_{OLD}。客户信用等级变化为 ΔC。直观地看，ΔC 可以划分为 3 类，如表 5-2 所示。

表 5-2　客户信用等级变化 ΔC

ΔC	变动描述	定　义
$\Delta C_1'$	信用等级提高	$C_{NEW} < C_{OLD}$
$\Delta C_2'$	信用等级降低	$C_{NEW} > C_{OLD}$
$\Delta C_3'$	信用等级不变	$C_{NEW} = C_{OLD}$

但上述的决策类划分并不能完全反映电力公司决策人员对信用等级的潜在看法。由于系统中的大部分客户信用等级都在 2 和 3 的范围内，而信用最高和极差（等级 1 和 4）的情况较少，因此，在根据客户信用等级制定

销售策略时,决策人员通常将等级 1 和 2 视为较高,将 3 和 4 视为较低等级,而对客户信用等级的变化,主要关心由等级 1,2 降至 3,4 或者由等级 3,4 升至 1,2 这种较大的变化。据此,我们将 ΔC 划分为 4 个决策类,如表 5-3 所示。

表 5-3　客户信用等级变化 ΔC(细分为 4 类)

ΔC	变　动　描　述	定　　义
$\Delta C_1'$	信用等级提高	$C_{NEW} \in \{1, 2\}$ 且 $C_{OLD} \in \{3, 4\}$
$\Delta C_2'$	信用等级降低	$C_{NEW} \in \{3, 4\}$ 且 $C_{OLD} \in \{1, 2\}$
$\Delta C_3'$	信用等级维持较高水平	$C_{NEW} \in \{1, 2\}$ 且 $C_{OLD} \in \{1, 2\}$
$\Delta C_4'$	信用等级维持较低水平	$C_{NEW} \in \{3, 4\}$ 且 $C_{OLD} \in \{3, 4\}$

2. 规则获取

决策支持系统中包含客户信息的历史数据,包括:

(1) 基础数据:单位编码表、电价类别、行业类别、用电变更类别、异常编码、业务扩展等;

(2) 客户信息登记数据:客户编码、客户名称、客户类别、客户性质等;

(3) 销售数据:电量销售、电费缴付状态、优惠电价及执行等。

这些属性有的是静态信息,如客户号、客户名称、行业类别等;有的是财务汇总信息,如欠费情况、基本电费、优惠电费等。利用本章 5.4 节我们介绍了容差粗集下的信息系统(信息表)约简与规则发现算法,通过遗传算法搜索空间优化的相似阈值以及各属性的权重因子,并与营销、财务人员讨论后,得到与客户信用等级变化可能相关的备选条件属性集合。

在这些备选条件属性中,大部分为连续取值,对这些连续取值的属性在规则挖掘计算之前要预先进行离散化处理,然后再应用上文提供的算法模型进行重要属性的选择表 5-4 中列出了属性选取的简要结果。

在数据导入过程中,我们发现有些数据表的字段值丢失,对于容差粗集而言,因为对象约简是建立在相似性判断而非等价关系基础上的,因此,可以使用较经典粗集模型更为宽松的处理手段。本书将表的数据遗失项由对应该属性可能取值范围内的最大值来取代空值。

连续属性离散化和重要属性的选取使决策表在属性数和数据记录数两个维度上均得到约简,然后再利用改进的属性值约简算法进行规则的抽取,从而生成了一系列粗决策规则。在这些规则中,我们需要的是能充分代表数据的,即规则相似(准确度)和数据支持度(覆盖度)均较高的规则。

通过设置数据支持度,将一些过于琐碎的、平凡的规则去除,而只考察剩下的权重规则,构成相对精炼的规则库。表5-4是在对2个财年度数据分析后,设置不同的支持度,获得相对重要属性数,可见两年的属性数基本稳定。

表5-4 属性选取结果

年 度	支 持 度	重要属性数
2006	0.9	11
	0.8	8
	0.7	5
2007	0.9	10
	0.8	7
	0.7	5

导入数据,通过算法的搜索,我们得到如图5-6所示的约简属性索引。算法的结束标准是属性约简集大小取值所导出的规则趋于稳定。

各次分析计算得到的重要属性是比较集中的,前后共有13个属性被选择到,如表5-5所示。其中,被选择的频率比较大的属性有7个,在表5-5中被标以"＊"号。

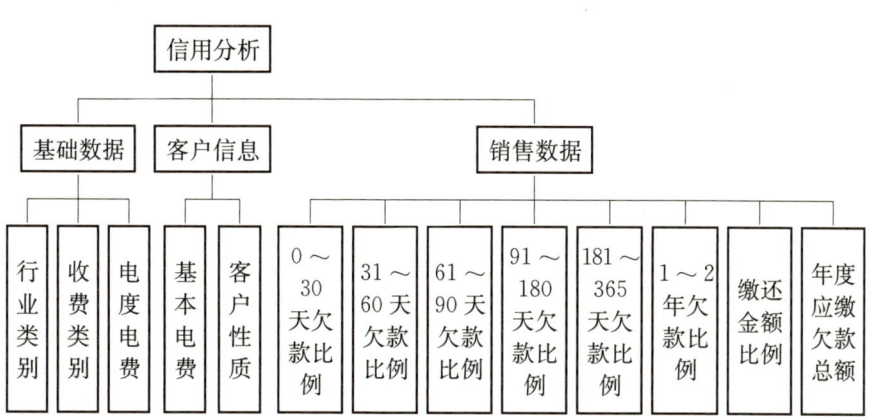

图 5-6 电力客户信用分析相关属性集索引图

表 5-5 重要条件属性

属性标号	描 述	是否重要属性	备 注
c_1^*	行业类别	是	客户所在行业
c_2	收费类别	否	正常、退补、临时、窃电罚款、违章罚款
c_3^*	电度电费	是	每度电应缴费用
c_4^*	基本电费	是	本年度应缴电费额
c_5^*	客户性质	是	重点支持、一般、监控、限制
c_6	0～30 天欠款比例	否	0～30 天欠款额/年度应缴欠款总额
c_7	31～60 天欠款比例	否	31～60 天欠款额/年度应缴欠款总额
c_8	61～90 天欠款比例	否	61～90 天欠款额/年度应缴欠款总额
c_9	91～180 天欠款比例	否	91～180 天欠款额/年度应缴欠款总额
c_{10}	181～365 天欠款比例	否	1～2 年欠款额/年度应缴欠款总额

续　表

属性标号	描　　述	是否重要属性	备　　注
c_{11}^*	1～2年欠款比例	是	天欠款额/年度应缴欠款总额
c_{12}^*	缴还金额比例	是	缴还金额/年度应缴欠款总额
c_{13}^*	年度应缴欠费总额	是	本年度缴款日应缴欠款

3. 结果分析

在本例中，挖掘规则的直接目标并不是用于预测，而是主要用于进一步的分析，即将其与原有的经验和猜测进行对比、验证。通过这种分析，对行业、收费类别、欠款分布等因素与客户信用之间的关系获得客户辨识规则知识。这些规律在事后看来可能是显而易见的，但是，在未经过上述的数据分析过程验证和明确之前，却不为人所知。

经过一段时间的测试运行，这一功能的有效性已经得到验证，系统将营销、财务人员从原来的大量人工计算和人工分析中解放出来，大大提高了工作效率。同时，系统在一段较长时间的学习训练之后，各种错误得到修正，参数选择已趋于平稳，并积累了与本地区环境相适应的参数设置，这些都使得决策支持在面向事务处理的基础上进行面向知识发现的数据分析成为可能。

5.5　本章小结

客户关系管理是现代电力企业着重发展的基础领域。由于电力市场刚开始建立，尚待完善中，我国的电力企业客户关系管理还停留在研制、试用阶段。随着国家对现有电力体制改革的深化和推进，电力企业建设客户

第5章 容差粗集模型与客户信用度分析

关系管理就成为企业走向市场,服务用户的当务之急。

本章提出了在粗集理论基础上的客户信用评价模型,给出了带有容差属性的,使用遗传算法自寻优参数的实现方法。

首先在介绍粗集理论基本知识的基础上,首先研究了粗集模型的基本分类;然后分析了粗集理论与其他不确定推理方法的异同点,并指出了基于粗集的决策规则推理方法的特点。

粗集理论的要点是将知识与分类联系在一起。在粗集理论中,知识被认为是一种对对象进行分类的能力。对象用其属性集合表示,分类用来产生概念,概念构成知识的模块,知识是由对象论域的分类模块组成的,它提供关于显示的明显事实,同时也具有由明显事实推导出模糊事实的推理能力。

第二,在一般粗集的基础上提出了容差粗集关系的概念。利用容差粗糙关系可以直接处理连续特征量,对不相关事物以及约简属性不灵敏,且对噪声数据与数据遗失有一定的包容性。

第三部分利用遗传算法对容差粗糙的相似阈值 $threshold(C)$ 以及权重因子 α_a 进行优化。在 UCI 机器学习数据库中挑选了 15 个大小不一的数据,进行基于容差粗集关系的 k 最小临近分类验证试验,与普通的 C4.5 算法和无权重 k 最小临近算法比较。

最后,对给定某电力企业用户数据进行了分析处理,得到了客户信用分析规则集。给出了实际运用的效果和分析表明,本章提出的算法具有很高的分类精度,而且可以处理数据不完整、带噪声的大数据集。

电力企业决策支持应用平台实例

作为本次电力决策支持高级应用专题研究项目的基础平台,支持系统的结构设计将对数据挖掘为核心的高级应用产生极大的影响。模型的可行性与效率,取决于系统平台的软硬件结构。为此,本章主要讨论了该决策系统建设的目标和要求,并给出基于知识库的总体框架结构,以及相关组成要素的设计方法。

6.1 决策系统建设目标和要求

根据课题研究的目标和双方约定,建立基于知识仓库(Knowledge Warehouse,KW)的电力决策支持系统(Power Electricity Decision Support Syste,PEDSS)的基本目标是:提供给决策制定者一种智能分析平台,用以增强知识管理过程中的各个阶段知识积累、转化、升迁以及使用的效率和效用。

首先,这种目标假定 PEDSS 使用者是决策制定者。也就是说,假定用户并非是跨领域技术的专家,但她/他是一个决策制定领域的专家。

其次,智能分析平台将是决策制定者可以使用的一组分析工具,每个工具使用不同的技术来帮助获得知识管理的社会化、清晰化、集成化以及为人所能理解/主观化的基于 PC 的平台。该平台包含人工智能的使用,用以增强决策者将隐性知识转换为显性知识,通过分析将显性知识集成到发现的模式和关系中,并且通过模拟和解释理解新知识的认识能力。

第三,人工智能技术往往能够发现重要的事实、模式、关系和/或其他类型的新知识,而这些新知识用标准的分析方法如回归分析是不能获取的。这些新知识可用以帮助决策者确定企业的行为[126]。数据挖掘系统的任务是在数据集中发现重要的模式。人工智能在数据挖掘应用中可以分为两大类,即验证驱动和发现驱动。在验证驱动的数据挖掘,要事先对数据中关系的性质提出假说。挖掘过程的结果是关于这个假说的有效性的结论。而发现驱动的数据挖掘对数据内关系属性不需要做先期假设。发现驱动的数据挖掘包含两个子类,分别是有监督学习(分类)和无监督学习(聚类)[39]。有监督学习等同于带教师的学习,包括建立一个根据历史数据库(这些值可以用来测量预测的对或错)的特定目标最优预测模型。相对而言,无监督学习不需要事先定义一个预测用的目标(因此,对结果没有特定判断是否准确的标准)。聚类和关联规则的发现技术就属于无监督学习[127]。

依据建设 PEDSS 目标产生了对系统的三个要求:

① 高效的生成、存贮、提取,即以不同形式管理显性知识的能力;

② 存贮、执行、管理、分析任务的能力和与决策者最少的交互和认识需求的支持技术;

③ 通过对输出的分析验证,构成反馈通道以更新 PEDSS 的能力。

6.1.1　知识的存贮和提取

PEDSS 应提供类似数据仓库存贮数据的服务性能和功能。由于其知识表达结构不同于常规对数据存储形式,因而导致这种需求相当复杂的。

也就是说,数据仓库中基本的数据源是交易数据(很容易存贮在关系型数据库当中),但是决策平台中的知识仓库的基本知识源包括从头脑风暴和知识系统中获得的文本流、多媒体数据,数学模型及其实例,以及分析结果等,甚至还需要模型和模型解实例分离的形式存贮的知识。因此,PEDSS需要一种能够高效的存贮、提取和操控多模型实例,以及与其逻辑上相关联的模型组件、实例机制。因为两个相关实例往往在参数值上显示出高度的一致性,因此如果逻辑上相关,存贮和提取更高效(如继承)。

6.1.2 分析任务管理

分析任务并非是一个简单的过程。它常常使用大量的不同的归纳,演绎,人工智能技术,如神经网络、数据处理组方法(GMDH)、统计学、规则归纳器、遗传算法、基于事例的推理等[128]。每一个任务就其① 输入数据(例如存贮数据和知识的数量和领域覆盖度)、② 分析技术中所需的执行参数和③ 输出格式(例如权重矩阵、多项式方程、产生式规则、质量测度),又有各自不同的需求。而且,特定分析技术局限于特定的知识范例,而其他一些适用于所有的范例,如有ROME/ERGO执行的说明任务就局限于电子数据表模型,而INSGHT元模型生成工具就可适用于所有的数字模型[129]。

PEDSS必须支持高效的存贮、初始化、执行和管理知识分析任务及相关联的执行技术。特别是,这些知识分析任务和关联技术不仅要存贮在系统中,而且在逻辑上要能捆绑合适的知识范例。此外,在执行分析任务过程应能最小化决策者的认识能力,所需的运行时的交互必须存在系统中(例如神经网络模型中合理的步长,GMDH复杂因子等)并能在执行任务中正确地调用。

6.1.3 新知识的反馈和存贮

在数据仓库运行中,仓库中的数据往往由交易系统的周期性的更新数据(每个星期或每个月)。而在 PEDSS 的运行过程中,存储在仓库中的数据和知识应能持续的由两个不同的反馈环节中的一个:① 联机知识获取环节(头脑风暴会议);② 基于决策者/用户依据他确认和赞同的分析任务结果,实时存贮反馈,进行更新任务。

6.2 PEDSS 的基本架构

在本课题研究中,PEDSS 的目标和需求能够通过一个类数据仓库的扩展架构来实现的。这种扩展模型可以有如下几个部分组成(如图 6-1):数据/知识获取部分、二个反馈环、数据/知识预处理模块、知识仓库(存贮)模块、分析工作台、通信管理和用户接口模块。

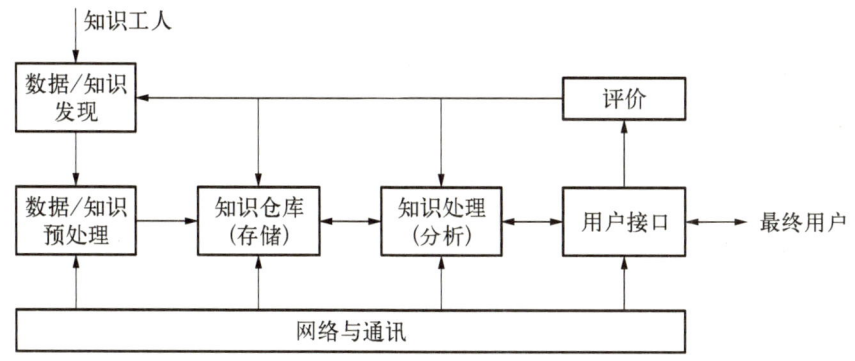

图 6-1 PEDSS 的基本架构

6.2.1 知识获取模块

知识获取模块首要的作用是将隐性知识转化为显性知识,也就是从决策制定者/用户获取直接的隐性知识。它需要定制一个特定的用户接口,用以处理不同的过程:① 在群决策头脑风暴环境下产生的思想;② 在基于模型环境下的特定的数学模型;③ 基于模型的 what-if 案例规范说明;④ 基于专家系统环境下的启发式产生式规则[130,131];⑤ 物理过程说明中的运动学分析目的和基本启发性知识。

本书研究对象主要集中在无先验知识环境下从数据中获取知识能力。因此,本书将以上五种知识源看作是机制产生的知识。

6.2.2　反馈环

在知识获取模块和知识存贮模块中有一条反馈通路,该反馈环不但提供从决策者提炼出的显性知识存贮能力,而且可以在同一时刻向不同的用户群提供该知识副本(在群决策头脑风暴法中),显示最新的 what-if 事例样本列表(在基于模型的决策知识系统中),或者显示当前的规则库(基于专家系统环境下)。另一个反馈环建立在提取、变换、装载模块与通讯管理模块间,它提供系统产生的新的并且已经得到验证的显性知识的存贮的通道。

6.2.3　数据/知识预处理模块

该模块功能类似于数据仓库中的功能：负责从外部数据库中数据获取,数据、清洗、装载和格式化,进入知识存贮区。

6.2.4　知识仓库存贮模块

PEDSS 的一个重要部件就是面向对象的知识管理系统(Knowledge Base Management System, KBMS),这个 KBMS 集成了知识库,模型库和分析任务,是一个将分布知识对象集成为一个功能主体的系统。知识对象包括数字数据、文本流、已验证的模型、元模型、多媒体片段、动画序列以及操纵它们的软件。KBMS 是在面向对象环境下执行的,不但要管理数据,而且包括所有的对象、对象模型、过程模型、案例模型、对象交互模型和用以处理知识的动态模型，并且要解释、产生知识库。

特定对象知识以对象一部分进行存贮。知识存贮机制的特定形式应包括框架、语义网、规则等。知识的存贮（但不限于）包括元数据，元模型和实例。例如，一个模型的目的是作为关联模型的一部分存贮的，然而基本法则应该是与一个一般化的模型类一起存贮起来。

传递到对象的信息形式上是一般的，与父代的技术无关。如果为了执行特定方法需要附加信息，那么需要向别处的对象传递信息。

面向对象数据库技术提供了知识仓库这些需求的多个特征。成熟的应用产品已广泛应用于业界，因此不属于本次课题研究对象。

6.2.5 知识分析工作台

PEDSS 的核心是分析工作台，它处理所有与分析任务的交互，包括任务控制、意见的产生和技术的管理。任务控制器处理所有分析技术所需数据和运行时交互的请求，如在 GMDH 算法中的复杂性因子、神经网络中的步长值。也即，任务控制器扮演了一种基于 AI 的代理决策者身份，它与机器软硬件系统进行交互，使真正决策者不必完全了解技术细节，技术间的细微差别和交互等。

意见产生器子模块则评价不同分析任务的输出量，尤其是对原因、数据精度、简易性、概念可靠性、满足程度、必要性和一致性等相关测度，过滤掉那些非真实的或者矛盾的结果。然后，产生有一定深度的，但浅显易懂的，解释性的意见，可以增强决策者理解模型化环境的能力。在产生这些建议过程中，模块与知识库、案例实例和模型库对接，同时应用合适的演绎、模拟推理和其他一些技术。

技术管理模块的管理分析技术模块库。它可以将新的分析技术封装成一个对象类，并集成数据挖掘应用的子类，结合新的分析模型、元模型、生成新的对象模型库等。

本次课题研究中重点议题包括带有突变的电力价格预测专题和电力用户信用度分析规则专题。本书所介绍的两大类数据挖掘模型在封装后即嵌入分析工作台，在运营部门或管理部门事间支持和事后监督提供相应的决策支持。

6.2.6 通信管理

通信模块处理 KBMS 和用户接口之间分析通信任务，共包括六个基本子模块：知识引擎、what-if 接口、查询处理器、结果表示、联机帮助和用户接口。

知识引擎子模块是基于专家系统的子系统、负责与决策者交互、确定分析目的和模型化环境的基本规则。不同的知识类型都应用于意见的形成。这些知识按照框架、规则、语义网等形式存贮在知识库中。

what-if 接口是设计用来高效的帮助决策制定者确定匹配的一个或多个 what-if 实例。它包括一个模拟组件，用以改变参数值来建立适应当前决策环境的实例。同时它包含了一个或多个交互式图形显示，已有实例的概括描述的组件，这可以让决策者方便判断出哪个实例已经使用过，而哪个实例可以有更多的结论，或提供更好的分析建议。同时，what-if 接口还包含基于计划分析任务对具有潜在的价值的案例提出建议的能力。

查询处理器则是为决策者和分析任务之间提供了一个接口。它将用户指定的自然语言，QBE 或类似于 SQL 的查询语句转换成机器可执行的查询。

结论表示管理器为每个分析结果提供最恰当的可视化表示，如图形化[110]、自然语言式产生式规则、多项表示式、决策树等。采用何种形式取决于分析任务输出和决策者自身的偏好，这种偏好是由自适应机器学习算法，在对历史模型的使用以及当前决策者分析任务习惯的分析基础上做出判断[111][112]。

帮助子模块提供用户相关模型、实例、恰当的知识和分析使命的一些有用的信息，如假设参数范围，测量单位，内部模型架构；库中案例的差异，关键的决策变量值；元模型、元数据，基本规则，分析目的，可应用的技术，技术的描述，对结果的解释，使用的技术参数，技术的优点和不足之处等等。

通信管理模块作为一类较为成熟的应用系统，已有大量的实例可直接引进，因此也不属于本次课题研究的范围。

6.3　PEDSS平台的技术设计

6.3.1　Web Services 介绍

Web 服务就是通过 Web 接口提供的某个功能程序段。通过标准的 Internet 协议（例如 HTTP）可以很容易地访问该功能。这就意味着所有客户机都可以使用 Internet 进行远程过程调用（Remote Procedure Call，RPC）操作，该操作将对 Internet 上的服务器进行请求，并接收以 XML 格式的返回响应。这些在客户机和服务器之间来回传递的消息被编码到个特殊的 XML 语句中，这些语句被称为简单对象访问协议（Simple Object Access Protocol，SOAP），该协议定义了访问远程计算机功能的标准方式[132]。

推动 Web 服务发展的基本理念就是客户机和服务器能够使用任何技术、任何语言、任何设备。这些技术、语言和设备可以由开发人员和中间设备来确定。每个 Web 服务都被明确地定义了唯一的接口，因此，无论客户端是一个 Java servlet、一个 VB.NET 胖客户、一个 Perl CGI 应用程序、还是一个 WAP 蜂窝式电话都无关紧要。它们访问 Web 服务的方式都是一样的,即在 HTTP 上使用 SOAP。目前,随着互联网访问被内置到所有的设备中,我们在访问复杂服务器应用程序时,只需要一个基本的 XML 文本处理器即可,该处理器用于编码和解码 SOAP 消息。

  SOAP 协议的优点在于它是在 HTTP 协议之上传输的。大多数的防火墙都支持 HTTP 通信,这样便允许最终用户浏览 Internet。在 Web 服务中,所使用的端口与防火墙所使用的端口(基于 HTTP 的端口 80 和基于 HTTPS 的端口 443)一样,这样便可以在通过 Web 服务提供业务功能时,为服务器应用程序提供安全性保护。SOAP 协议并不是一个私有协议,相反,它是一个 XML 标准,该标准定义了在客户机和 Web 服务之间传递的消息。因此,所有的 Web 服务能够与所有的技术解决方案相交互,并在技术解决方案中使用 Web 服务。这样可以增强分布式系统的功能,使之无须依赖于某一项技术(例如 DCOM、CORBA 或 RMI)。

  Web 服务是为应用程序的使用而准备的,而不是为最终用户准备的。通过将一个系统作为一个 Web 服务,第三方可以将系统功能整合到他们自己的客户应用程序中。这样便获得了一种开发解决方案的新途径:无须在系统中设计所需的功能,只需简单地访问合适的 Web 服务以执行所需的操作即可。例如,如果要创建一个电子商务应用程序,可以使用一个 Web 服务来计算运送消费者购买商品所需的正确费用。无须创建自己的客户运费计算器,或是安装、配置一个第三方组件,完全可以通过 SOAP 消息访问一个运送和包装厂商的系统来完成这项工作。对于最终用户来说有很大的好处,因为他们获得了可靠而又正确的配送信息,而不是分别访问每个 web 站点分散完成这项工作。随着越来越多商业性质的 Web 服务的出现,应用程序的开发将包括使用客户解决方案解决特殊的商业问题,以及通过访问 Web 服务来解决所有的基本结构问题和非商业的特殊问题。

6.3.2 使用 Web 服务的优势

Web 服务不仅为那些使用第三方 Web 服务的应用程序提供了很多的好处,也为发布客户 Web 服务的应用程序本身提供了很多优势:

(1) 平台的无关性;

(2) 通用的通信通道;

(3) 企业的互操作性;

(4) 功能复用;

(5) 拓展业务;

(6) 服务器的中立性;

(7) 安全的通信。

1. 平台的无关性

正如以前所讨论过的那样,任何能够访问 Internet 的平台都可以访问 Web 服务。任何与 Internet 建立连接的应用程序都可以向 Internet 上的任何一个 Web 服务发送 SOAP 消息,同时也可以接收来自 Web 服务的 SOAP 消息。

2. 通用的通信通道

Web 服务运行是以 Internet 作为其通信机制的。Internet 建立在诸如 TCP/IP 和 HTTP 这些开放的、标准的通信协议之上。整个 Internet 普遍支持这些既定的协议。将 Internet 作为通信通道可以确保获得最高级别的访问和可用性,而无需将这些协议锁定到将来不会与新系统集成的专有解决方案中。每个公共的 Web 服务都可以被使用,因为所有的设备都连接到了这个广泛的且通用的通信通道上。

无论正在部署的解决方案是在一个防火墙的背后,还是在一个客户机桌面上,或是被部署为一个中间层组件,该解决方案都将访问外部的 Web 服务。因为在客户机上不需要特殊的软件协议,所以这使得部署解决方案的工作比部署分布式组件的工作更简单一些。

3. 企业的互操作性

Web 服务提供了真正的企业互操作性功能。在过去的几年中，我们已经见证了企业对企业的电子商务（B2B）在通讯与应用开发方面得到了发展。这些类型的应用程序包括合并或把现有的业务系统与贸易合作伙伴和供应商相结合。Web 服务允许通过 Internet 标准来提供业务功能。长期以来都使用电子文档交换（EDI）来实现这一功能，不过实现该功能的开销十分昂贵且十分耗时，并且灵活性也较差。Web 服务允许通过 XML 和 HTTP 这两个既简单又易用的协议来完成这一过程。

Web 服务具有很大的灵活性，当业务需求或合作伙伴发生变化时允许企业修改和扩展 Web 服务的功能。这种方式使公司能够灵活地应对业务关系的变化。在业务环境不断改变的今天，这种灵活应对变化的能力是完全必要的。

4. 功能复用

通过使用外部厂商提供的 Web 服务，开发人员能够利用外部厂商已经实现的功能。这意味着可以使用较少的时间开发与解决具体的业务问题无关的应用程序。开发人员不必创建基础结构和支撑服务就可以集中精力针对问题提供最好的业务解决方案。

5. 拓展业务

Web 服务支持企业拓展与消费者的关系及消费者领域。通过允许第三方使用 Web 服务访问内部系统的方式，企业允许消费者以更加集成化的方式和以用户为中心的方式访问它们。当允许其他的应用程序使用企业应用程序中的功能时，企业便可以将精力集中在自己的特殊产品上。第三方能够结合由厂商提供的相关 Web 服务为消费者开发集成的解决方案。将解决方案打包到一个集成的单元后，给用户带来的是更好的体验，而且厂商也拓展了自己的业务。Web 服务也能够被用来拓展贸易伙伴关系。

通过将供应链与 Web 服务的供应商集成在一起，可以使业务过程能够动态地且灵活地变换需求。当有新的业务伙伴加入时，新伙伴就能够使用公司所提供的 Web 服务顺利地集成到整个系统中。

6. 服务器的中立性

开发 Web 服务所使用的程序设计语言和服务器软件是没有关系的。Web 服务的接口是基于标准的，而且在 Web 服务和客户机之间传递的消息在 HTTP 之上使用了 XML。Web 服务所在的服务器可以执行 UNIX、Windows 2003、Linux 或者其他任意的操作系统。在 Web 服务幕后执行功能的软件可以用 Java、C++、C♯或开发小组习惯使用的任何其他编程语言编写的。

Web 服务既可以由 Visual Basic 语言和 COM 技术配合使用进行编写，也可以由 Java 语言和 JavaBean 技术配合使用进行编写，这是 Web 服务区别于以前组件技术的重大变化。如果需要的具体功能在一个领域中存在，而在另一个领域中不存在，那就必须使用程序设计模型。有了 Web 服务之后，就不再被迫基于第三方的功能需求来选择一种程序设计语言了。这给了从事 Web 服务开发的人员很大的灵活性，并打开了一个曾经封闭的领域。另外，开发人员能够根据自己使用某个程序设计语言方面的经验（而不是根据客户机的需求）来开发解决方案。这使得工作效率得到了提升，也增加了开发人员的满意程度。

7. 安全的通信

Web 服务像所有的 Web 应用程序一样安全。保护在线商业站点使用的技术也同样用于保护和验证 Web 服务的身份。必须创建一个 Web 服务，并让它在信息包被处理之前侦听进入的 SOAP 请求。防火墙可以被设置为拒绝 SOAP 请求，但是 SOAP 请求将会因不存在的服务而产生一个 HTTP 404 类型的错误：未找到资源。一旦创建并部署了一个 Web 服务，必须像保护所有 Web 应用程序那样来保护它。或许只有通过身份才允许访问 Web 服务，或许将对每个访问收取一定的费用，并把 Web 服务的作用都记录下来。

6.4　系统框架设计

6.4.1　用户接口

用户接口又称为"前端"，提供信息和数据的表示，PEDSS 为了能更好地满足用户直观展示、操作的要求，在前端使用了地理信息系统 GIS 作为展示、操作接口。GIS 功能以 Services 形式进行设计，当用户初次请求功能调用时，客户机通过网络向业务服务层的 Web 服务器发出请求（Request），服务器依据请求性质和规约响应客户请求，向客户机下载相应的 Service 实例。驻留的原则是有利于降低网间资源的占有率、以静态过程数据为对象。组件接受用户的输入，执行简单的空间操作。在本例中，具体由以下 2 个模块组成。

1）空间操作功能块：包括对象拾取、地图无级放大、缩小和漫游、地图全景、信息输出和查询、地图分层管理等选项。

（1）主题地图：配电网络线路和设备状态以主题图的形式显示。对不同特征的数据对象调用色彩编码（或其他形式）可视化表现相应的物理状态，提供定位，特殊数据高亮度显示，增加文字注释和标记供决策者能够迅速、清晰地获取掌握信息。

（2）分层管理：配电网地理街道背景图层显示，整个配电线路网络所处地理环境和城市街道分布，详细给出社会行业、人口资源分布状况。大中用户分布层给出用户档案及用电相关数据、查看用电量、电费情况。配电线路分布图层显示不同配电线路走经和地形地貌，查询线路台账，实际运行中的负荷和线损情况。配电线路杆塔分布图层标示电线路杆塔分布位置,查询有关杆拓台账数据、设备检修信息。主设备分布信息层查看设备的路牌和技术参数信息,并可按配电网络主设备类别,细分成不同设备图层,如开闭所分布图层、公用变压器分布图层、开关刀闸分布图层、互感避雷器分布图层、线路交叉跨越图层等。

(3) 自动标记:在线路区域上对所有涉及位置分布的物理量的地图进行自动标记、属性控制和显示。

(4) 人机交互:用户和计算机的人机接口,通过简单地点击操作获取信息,并且支持决策管理层通过内建的搜索机制,选择功能和标记工具,创建定制适合不同场合使用的文档及应用程序。客户机对空间数据以直观的形式表现数据分布状态,如点、线状图、饼状图等。更重要的是它可以提供强大的业务数据的分析和可视化,在客户机上创建和编辑地图属性,以地图形式显示业务状态或决策执行结果。从上述操作数据对象属性来看,与实时监控采样数据相比是具有相对静态过程特性,同时也是配电管理人员,系统调度人员运筹规划的最常用辅助信息。因此如果将相应的功能组件放置于业务服务层内调用处理,则会加重服务器的负担,增大网络间频繁流量,延长等待时间,负载不能平衡,系统不能优化。

2) 转化显示功能块:包括数据格式转换和显示子模块。由于 WebGIS 的开放性,来自异构数据源处理带来困难,因此要设置数据转换功能,接受通信模块传来的数据流,依据不同的数据格式分别解析并以系统的统一格式上传显示模块。而显示模块的功能是再现原始地图,处理显示区域的所有显示变化,包括地图的更新。

6.4.2 知识分析工作台

分析工作台是用户与数据服务之间的桥梁,负责整个系统应用逻辑的控制与处理,提供决策支持应用服务。该工作台位于电力调度管理中心,是整个决策、操控的核心部分。分别配置了 Web 服务器和应用服务器。

Web 服务器负责处理局域网内客户端 HTTP 请求,分配通讯信道,验证安全密钥和操作身份,调用 GIS 功能组件、加载空间数据,打包数据分析软件实例等任务。应用服务器根据自定义协议通过检索接口与知识仓库层进行信息读写,从库中获取相应的高级事务处理模型、专家知识、经验匹配实例等信息。然后依据事件的内容和性质,与决策者交互。在获取用户的需求和定制信息后,工作台对事务进行分析计算,得到相应的决策支持信息,返回调用端。最后由用户端口,以用户定制的方式显示有关的信息。原有的操作类高级应用,如配电网实时监控(SCADA)、负荷管理(LM)、电价预测以及配电系统网络分析为核心的 DMS 应用服务都以包的形式存储在知识仓库中,供工作台调用。而电力价格预测、电力用户信用分析两个高级专题同时参与调试和试运行。决策者根据决策支持系统提供的计算信息,作出相应的决策,并通过 Web 服务器将决策信息,以及相应的操作软件(实例)和指令以服务(service)的方式通过 Intranet 回传给事件请求端。请求端获得所需服务包以后在本地计算机系统上执行包内的软件实例和操作指令,并将事件处理的结果以文字、图像等形式交回中心。中心的决策者根据反馈意见,评价该事件处理的结果,并与决策支持系统进行对话交互,决策支持系统根据信息判断满意度,并将此次事件的经验、数据反馈到知识仓库内,更新库中的相关知识,备份新数据。在本实例中,知识仓库的高级应用程序包含如下功能。

1) 调度自动化(SCADA)功能块:配电网络中的实时数据,如:回路电流、电压、功率、供电量、售电量、线损等动态分布数据,经采集端口读入数据层相应的动态数据库中。当业务层的 DMS 高级应用服务被触发时,通过通用接口从动态数据库中获取所需数据,进行计算处理并将结果与 GIS 线路层结合表现配电线路负荷、负荷率、电量、线损等动态分布状况。

2) 负荷管理(LM)功能块:负荷管理提供控制用户负荷,提供用户层操作员制定负荷控制策略和计划的能力。削峰和低压减载是它的主要功能。此外,还应有具有调用高级应用服务,进行预报和方案评价的 API。

3) 电价预测(PF)功能块:按预测时间分为短期预测和中长期预测。包括趋势外推法、回归模型、时间序列伐、人工神经网络、灰色预测、小波变换等成熟方法包。本例还特别增加本书研究的基于数据挖掘的分析方法,提供海量数据条件下的分析处理能力。

4) 高级应用服务功能块:包括基本应用软件,如:网络拓扑,潮流计算(包括三相潮流),状态估计(包括三相),短路电流计算,电压/无功优化等计算处理组件。同时,由基本应用可以延伸到相关操作:负荷控制,电容器优化配置,变压器与馈线负荷分配,电源阻抗计算,相间负荷分配,网络重构,保护协调,事故诊断,事故隔离与恢复,投诉电话处理等。模块的设计主要考虑系统兼容性、可靠性和复用性,提供简单实用的 API 供 SCADA 和 LM 模块调用。

电价预测应用服务,提供本地区电价周期性预测功能,同时在实时运行中提供电价突变预报(包括突变发生预报和突变电价数量值预报);客户信用度分析则是非实时服务模块,提供市场部门制定本地区电力市场差异性营销策略,以及多类别客户定价策略的支持。

6.4.3 网络通信

系统的网络通信建立在符合 TCP/IP 协议的企业以太网上,因为请求、信息传递都符合 HTTP 要求,所以与终端用户的计算机系统无关,做到了真正的共享。对于实时事件的响应通过网络、防火墙和 Web 服务器传递到调控中心,通过逐级认证,可以保护系统的安全。同时,调控中心可以在平时开放系统功能,各下级中心、操作站的终端,只要通过密钥认证服务器身份验证就能分享各种总调中心数据、知识和应用程序。整个系统的示意图如图 6-2 所示。

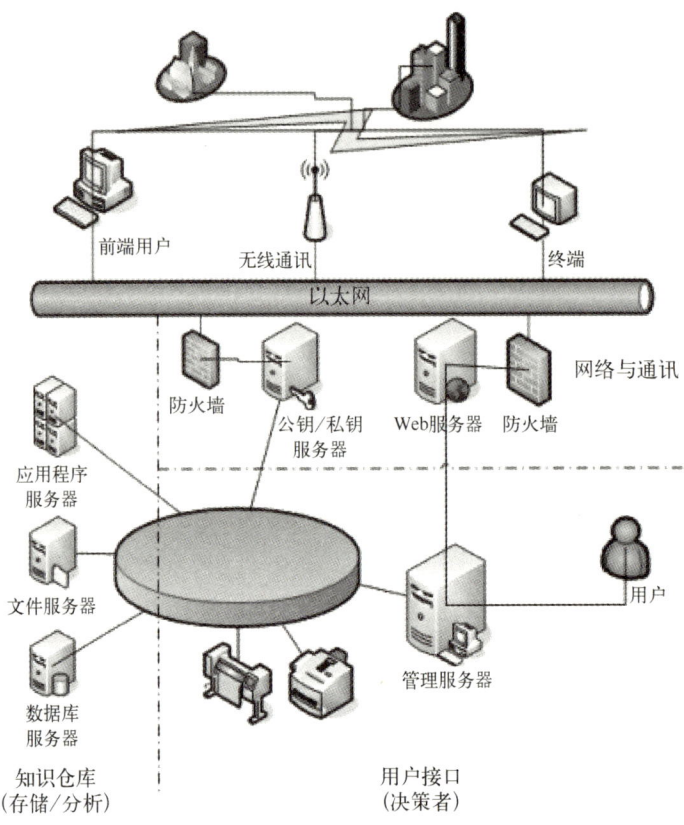

图 6‑2　电力决策支持系统网络结构示意图

6.5　系 统 实 现

6.5.1　软件配置

根据功能结构的要求选择相关的软、硬件进行原型开发。从经济、简便、可伸缩性选择标准出发,基本配置如下:

(1) 软件平台:用户服务层采用 Windows 平台,只需带有标准浏览器 IE,Netscape 等,并能进行 Internet/Intranet 的连接。业务服务层采用

Windows 2000 Server 操作系统，并安装 Microsoft. NET Framework，以支持 XML Web Services 和 ASP. NET 程序运行。

（2）软件系统的实现：为提高开发效率，缩短开发周期，本实例的 GIS 相关功能系统选择 MapX4 作为开发资源。MapX 作为一种可编程的 OCX 控件工具集，集中包含了大量的 GIS 应用对象集，而且可成为 Internet 扩展的工具。使用 MapX，用户利用本地机内置的 MapX 对象创建强大的地图 GIS 功能，如数据获取转换、验证和编辑、存储、重构、综合、变换、查询、分析和表现功能单元。其余的网络设计、应用软件开发使用 C♯ 和 Java 编程语言。

6.5.2 实例举例

1. 管控中心决策支持

配电网的管控中心，处理实时系统运行过程中的突发意外事故是一项常见的重要工作。由于配电网管理区域范围大，线路状况复杂，采集数据量大，且有数据采集和传送过程中丢失的情况。由于以上的原因，管控中心的工作人员在对突发事件的操作处理有相当的不确定性，基本上凭借个人的工作经验。本系统中的一个功能就是操作决策支持。它将过往历史数据和操作指令作为特定的知识存储在系统数据仓库中，在每一次发生突发事件的时刻，系统可以自动搜索相应的历史知识库，将类似状态的操作指令归纳出来，并以符号指令的形式提供给决策者建议。

操作人员监控平台使用 GIS 图层显示（如图 6-3(a) 所示），每一图层都有其相关的物理元件对象。显示内容包括变电站、负荷开关、断路器、开合刀闸等，这些图示可以在出现异常状态自动变色，发出警示信号。同时，由于这些物理元件已经做成了软组件对象，因此，对其每个操作指令的设计都平滑的转换为软件对象操作。图 6-3(b) 是对历史数据库的学习，分别要求用户输入/选择数据和服务包的网络存储位置，用户账号和密码，查询的表达式以及附加边界条件。

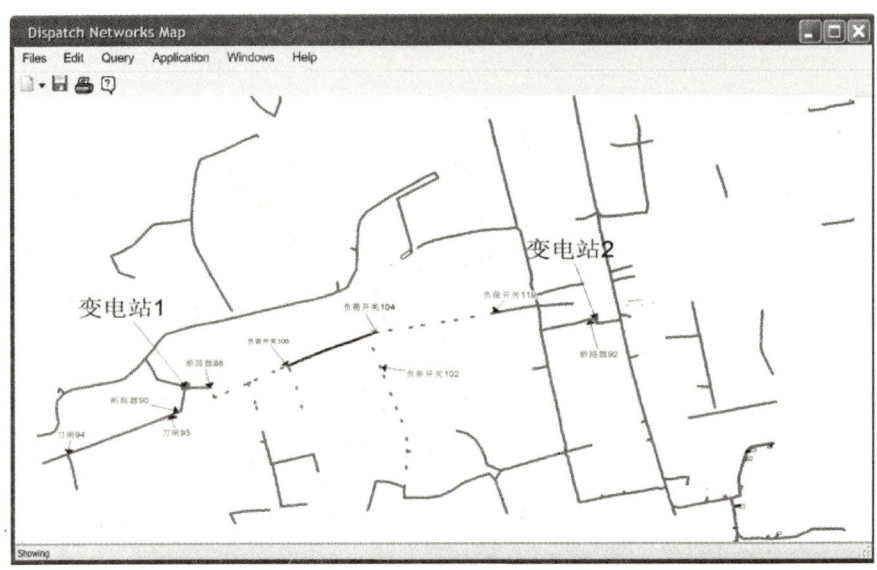

(a) 某配电网区域GIS图

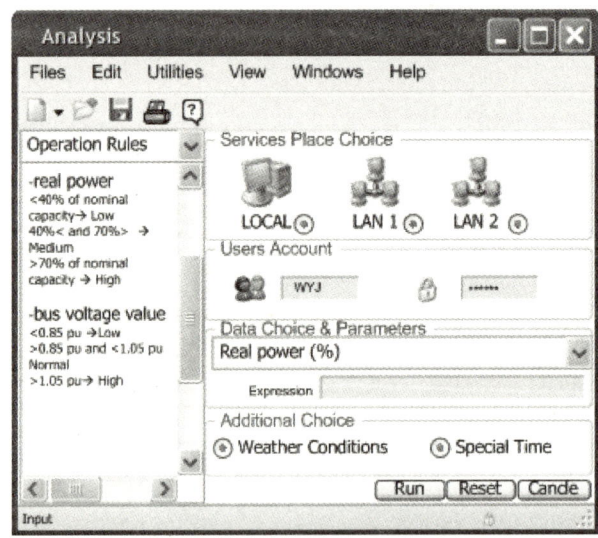

(b) 规则学习与操作控制决策

第 6 章 电力企业决策支持应用平台实例

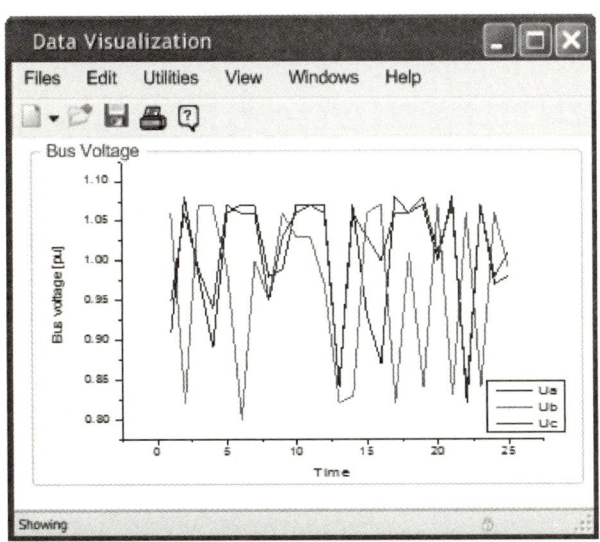

(c) 实时母线功率数据

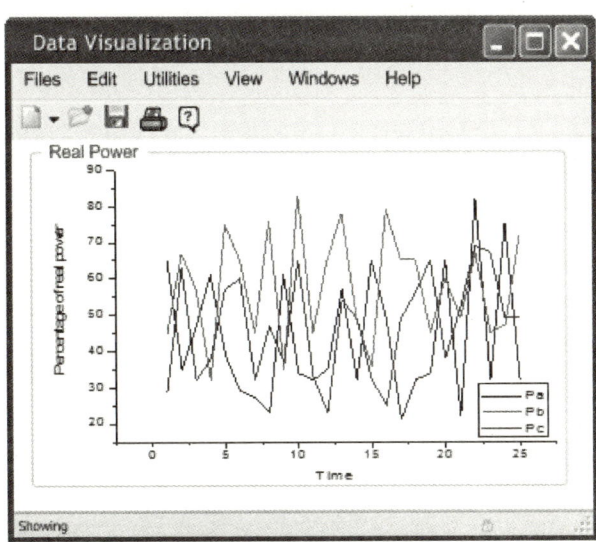

(d) 实时母线电压数据

图 6-3 各专题应用样例展示

待到数据分析结束之后,左界面显示相应的规则。本例中,系统分析包处理异常数据危险等级的分类状态,将以往出现的类似数据(实功率和母线电压)分布进行区间分析,给出了基本的划分规则。图6-3的(c)(d)则分别是实时的实功率和母线电压的数据采样曲线。运用已经得到的划分规则,对现时数据进行操作划分,得到相应的危险等级,以便操作员做出处理的决策。

2. 用户负荷预测

负荷预测牵涉到大量因素,是一个动态的时变的预测问题。以往的计算机预测软件都是基于固定的预测算法和模型,尽管考虑了部分边界条件,但是一般情况下,都是结果的平均值和方差都不尽人意。这是因为解析法中的变量估计困难,相关历史数据的权重因子分配没有统一的方法。本系统使用历史数据,通过模式特征挖掘算法,搜索重复周期状态,归纳出某个需求时间段的预测模型,并预测相应的负荷预报值。图6-4(a)显示了用户接口,用户输入/选择数据、服务的网络所在地,预报种类,预报方法以及相关参数。图6-4(b)显示了15日平均负荷预测数据,从图中可见本

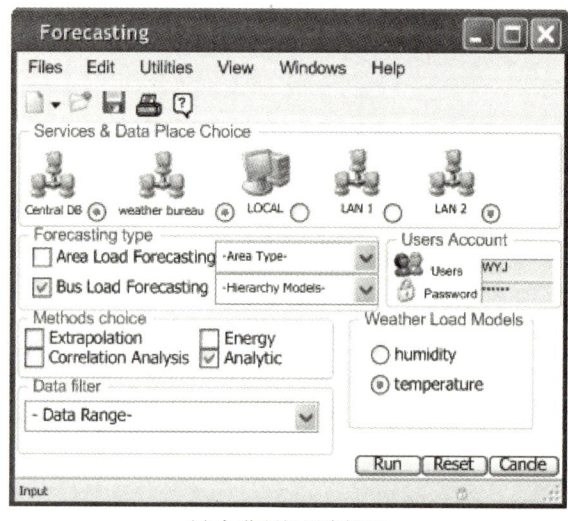

(a) 负荷预报用户接口

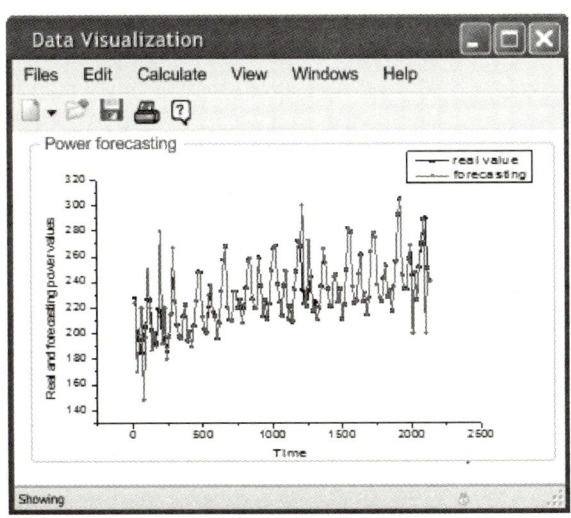

(b) 负荷预测与实际值比较

图 6-4　负荷预测实例

系统预测的功率负荷已经非常接近实际值。

6.6　本章小结

本章给出了本次项目电力企业决策支持应用平台的部分应用实例。

首先提出了电力企业决策支持系统 PEDSS 的建设目标和要求。并在此基础上,设计了该系统的基本架构组成。根据框架,提出了平台设计所使用的技术选择和原因。

第二,给出了 PEDSS 用户接口、知识分析工作台和网络通信的设计架构,详细介绍了系统框架设计和系统功能设计的内容,给出了调试过程中,管控中心操作规则决策支持和负荷预测的实例图。

试运行期效果证明,本系统能够满足设计要求和预定的目标,并验证了本书提出的各种模型的可行性。

结论与展望

信息技术的飞速发展和全球化的市场竞争为现代企业带来了新的复杂的决策问题,决策环境的不断变化与预测困难程度的加剧,使得传统决策理论与方法面临着巨大的挑战。研究面向新世纪的新一代决策支持系统越来越具有重要的理论和实践意义。

本书主要研究了集成决策支持、人工智能和数据挖掘技术的新型智能决策支持系统,并深入研究了相关数据挖掘模型,结合电力企业管理决策的常见问题,提出了新颖的解决方案。

7.1 本书的主要贡献

第一,本书以电力企业管理决策中心最常见的时间序列数据为研究对象,首先提出了相关时间序列数据约简模型理论和实现算法。

借鉴计算机图形学和地图学中的多边形曲线约简思想,将非结构化的时间序列数据进行整合,综合滑动窗口算法在线运算和 Douglas - Peucker 算法高精度的特点,提出了时间序列实时在线多边形约简算法。这种算法基于多项式回归分析技术提供了最小均方误差意义下的时间序列分割,同时根据需要既可以实现很高的重构精度,也可用不高的特征空间维数代价实现高压缩比数据索引。严格的数学证明和实验表明,这种算法对系统的时间和空间复杂性要求很低,完全适用于像电力系统这类数据量巨大的实时系统分析。

详细证明了线性平均模型在时间序列分析中的理论可行性,为后续研究提供了有力的支持。

综合符号机器学习的思想,引入生物学 DNA 分析技术,提出了随机投影方法,通过严格的数学证明和实际性能试验,表明该方法在时间序列特征描述和信息发掘应用中有广阔的发展前景。

第二,时间序列数据的相似性概念及其搜索方法至今没有很好的研究成果,而实际上几乎所有的时间序列算法都涉及计算序列间的相似性问题,迄今典型的相似性测度仍然是欧几里得距离或者在此基础上的一些改进。本书结合电力系统数据的特性,提出了动态时间弯曲测度下的相似性搜索方法。

引入文本信息处理中的非线性弯曲概念,提出了基于动态时间弯曲的时间序列相似性搜索算法。算法对时间序列存在的间隙、偏移或振幅差异的有很强的鲁棒性。

使用多边形边界约简和线性平均技术,对时间序列进行降维处理,解决了基于时间弯曲的高计算复杂性问题。通过实际数据集的聚类试验表明本书提出的算法有很高的精度和鲁棒性,且经降维加速后,时间、空间复杂性有大幅度降低。

基于新型相似测度模型,借鉴范例推理思想,提出了电力价格突变环境下的电力市场价格突变预测方法和实现流程。分析了电价突变的影响因素,给出了在动态时间弯曲下的电价突变数据挖掘预测方法。试验结果表明,本书提出的方法有很高的预测精度和可信度。

第三,大部分时间序列挖掘的问题的核心是发现序列数据中重复/频繁项,通常称为时间序列的特征模式挖掘。

提出了基于云模型的特征模式发掘模型。该算法受到符号机器学习的启发,将时间序列在形态概念意义上进行特征发掘。通过使用云模型方法,将高维时间序列映射到低维符号特征空间,大大降低了时间、空间复杂性,同时由于云模型的软划分,降低了数据约简过程中数据丢失所造成的影响,提高了对噪声的鲁棒性。

将云特征挖掘模型应用于电价预测问题,通过对海量历史数据的学习,将历史经验建构电价数据概念树集。通过空间索引技术,使得决策支持系统能实时访问和搜索相似条件下的可行操作方法,提供决策者制定相应策略。

第四,关注电力市场客户关系管理中,客户信用度评价的问题,提出了基于容差粗集关系的时间序列约简和规则发现算法。

提出了基于容差粗糙关系的规则划分模型和实现算法,该模型可以直接处理连续特征量,对不相关事物以及约简属性不灵敏,且对噪声数据与数据遗失有一定的包容性的特点,有效地解决用户数据不完整、数据量巨大等问题。

利用遗传算法对容差粗糙的相似阈值$threshold(C)$以及权重因子α_c进行优化。与其他分类算法的对比实验表明,本书提出的算法无论在分类精度还是噪声抑制方面都有良好的特性。

对用电客户的数据进行分析,形成客户信用评价的规则库,通过规则库的比较来制定相应的营销策略,实现了容差粗集模型在信用度管理中的应用。

第五,传统基于数据仓库的决策支持系统已经得到广泛的研究,然而如何将知识变为有效的企业增值动力,数据仓库显然还不能满足市场的需求。知识蕴含在信息海洋中,信息的处理包括对不同类型(如隐性知识和显性知识)和不同形式(如文本流、二进制对象、产生式规则、数学模型等等)的知识发现,代码化以及目录化。此外,知识代码化还必须包括本身知识(元知识)以及通过集成综合创造新的知识的功能。本书在总结了决策支持系统发展,近年来新思想、新技术应用的基础上,提出了一种集成知识管理、决策支持、人工智能和数据挖掘为一体的电力企业决策支持系统平台架构。明确地阐述了实现这种平台所对应的目标和框架结构,提出了知识仓库的基本架构和架构内各模块的功能和相互间的业务流程。

7.2 未来研究重点

本书对基于数据挖掘的电力决策支持系统,尤其是知识分析台智能数据处理进行了深入的研究,得到了不少很好的结果,取得了良好的研究进展,但是,对于这一庞大的系统平台,研究工作尚未完全转化为实用设施。展望在此领域今后的研究,仍有大量的工作需进一步深化:

(1) 搜索和评价技术,它们潜在的适用于分析和理解。初始评价可以使得不同技术的输入、分析处理、输出和反馈特征能够与本文所提到的首要的分析任务的需求相匹配。这个结果可以提供分析任务的技术选用的过程,以及对它们有效性的直观评价。

(2) 利用人工智能技术,开发深层次的基于基本原理的可解释性的意见,配合企业目标来显示为什么某个决策较其他方案在给定决策环境下更为适合。此类深层次说明能够增强决策者在决策支持中的自信心,以及他/她在对决策制定环境的了解,使将来产生更好的决策。然而,应该注意的是这个需求假定包含商业原理和企业目标的知识仓库存在的情况下,并且还带有一个索引方法和搜索技术,用以特定的建议中提取合适的原理和目标。

(3) 知识被反馈到知识仓库之前对其进行有效识别和验证。这类问题包括：① 对潜在新的知识应该如何进行过滤；② 谁应该对此类过滤过程负责；③ 过滤的标准是什么；④ 人类智能和人工智能之间如何平衡取舍。对上述这些问题的回答将会极大影响到知识仓库和决策支持意见的执行和最终的质量。

（4）知识分析工作台始终是整个知识仓库系统的核心。结合人工智能、软计算方法，设计知识的获取、分析算法关系到决策者接收到的决策意见的质量，这个方面有待于更深入的研究。

参考文献

[1] Berson S Smith. Data warehouse, data mining, and olap[M]. McGraw-Hill, New York, 1997.

[2] U. M. Fayyad, G. Piatetsky-Shapiro, P. Smyth, R Uthurusamy. Advances in Knowledge Discovery and Data Mining[M]. Menlo Park, CA: AAAI/MIT Press, 1996.

[3] V. Ciesielski, G. Palstra. Using a hybrid neural/expert system for database mining in market survey data[C]// Second International Conference on Knowledge Discovery and Data Mining. Portland, OR, 1996, 38.

[4] K. Xu, Z. Wang, K. S. Leung. Using a new type of nonlinear integral for multiregression: An application of evolutionary algorithms in data mining[C]//, Proc. IEEE Int. Conf. Syst. , Man, Cybernatics, 1998, 2326–2331.

[5] E. Noda, A. A. Freitas, H. S. Lopes, Discovering interesting prediction rules with a genetic algorithm[J]. Proc. IEEE Congr. Evolutionary Comput. 1999, CEC 99: 1322–1329.

[6] S. Mitra, S. K. Pal. Fuzzy multi-layer perceptron, inferencing and rule generation[J]. IEEE Trans. Neural Networks, 1995, 6(1): 51–63.

[7] S. Mitra, S. K. Pal Fuzzy self-organization, inferencing and rule generation[J]. IEEE Trans. Syst. , Man, Cybern. A, 1996, 26(5): 608–620.

[8] S. Mitra, R. K. De, S. K. Pal. Knowledge-based fuzzy MLP for classification and rule generation[J]. IEEE Trans. Neural Networks, 1997, 8, 1338-1350.

[9] M. Banerjee, S. Mitra, S. K. Pal. Rough fuzzy MLP: Knowledge encoding and classification[J]. IEEE Trans. Neural Networks, 1998, 9, 1203-1216.

[10] S. Mitra, P. Mitra, S. K. Pal. Evolutionary modular design of rough knowledge-based network using fuzzy attributes[J]. Neurocomput, 2001, 36, 45-66.

[11] I. A. Turksen. Fuzzy data mining and expert system development[C]//IEEE Int. Conf. Syst., Man, Cybern., 1998, 2057-2061.

[12] S. Russell, W. Lodwick. Fuzzy clustering in data mining for telco database marketing campaigns[C]// NAFIPS 99, New York, NY, June 1999, 720-726.

[13] W. Pedrycz. Conditional fuzzy c-means[J]. Pattern Recognition Lett., 1996, 17, 625-632.

[14] A. Shalvi, N. De Claris. Unsupervised neural network approach to medical data mining techniques[C]// IEEE Int. Joint Conf. Neural Networks, 1998, 171-176.

[15] H. Kiem, D. Phuc. Using rough genetic and Kohonen's neural network for conceptual cluster discovery in data mining[C]// RSFDGrC'99, Yamaguchi, Japan, Nov. 1999, 448-452.

[16] T. Kohonen, S. Kaski, K. Lagus, et al. Self organization of a massive document collection[J]. IEEE Trans. Neural Networks, 2000, 11, 574-585.

[17] J. Vesanto, E. Alhoniemi. Clustering of the self-organizing map[J]. IEEE Trans. Neural Networks, 2000, 11, 586-600.

[18] Alahakoon, S. K. Halgamuge, B. Srinivasan. Dynamic self organizing maps with controlled growth for knowledge discovery[J]. IEEE Trans. Neural Networks, 2000, 11, 601-614.

[19] R. Agrawal, T. Imielinski, A. Swami. Mining association rules between sets of

items in large databases[C]//1993 ACMSIGMOD Int. Conf. Management Data, Washington, DC, May 1993, 207 – 216.

[20] Q. Wei, G. Chen. Mining generalized association rules with fuzzy taxonomic structures[J]. in Proc. NAFIPS 99, New York, June 1999, 477 – 481.

[21] W. H. Au, K. C. C. Chan. An effective algorithm for discovering fuzzy rules in relational databases[C]//IEEE Int. Conf. Fuzzy Syst. FUZZ IEEE 98, May 1998, 1314 – 1319.

[22] Lopes, M. Pacheco, M. Vellasco, E. Passos. Rule-evolver: An evolutionary approach for data mining[C]//RSFDGrC'99, Yamaguchi, Japan, Nov. 1999, 458 – 462.

[23] J. Hale, S. Shenoi. Analyzing FD inference in relational database[J]. Data Knowledge Eng., vol. 18, 1996, 167 – 183.

[24] P. Bosc, O. Pivert, L. Ughetto. Database mining for the discovery of extended functional dependencies[C]//NAFIPS 99, New York, June 1999, 580 – 584.

[25] A. H. Lee, M. H. Kim. Database summarization using fuzzy ISA hierarchies [J]. IEEE Trans. Syst., Man, Cybern. B, 1997, 27, 68 – 78.

[26] R. R. Yager. On linguistic summaries of data. Knowledge Discovery in Database[M]//W. Frawley and G. Piatetsky-Shapiro, Eds. Menlo Park, CA: AAAI/MIT Press, 1991, 347 – 363.

[27] J. Kacprzyk, S. Zadrozny. Data Mining via linguistic summaries of data: An interactive approach[C]//IIZUKA 98, Fukuoka, Japan, Oct. 1998, 668 – 671.

[28] R. George, R. Srikanth. Data summarization using genetic algorithms and fuzzy logic[J]. Genetic Algorithms and Soft Computing, F. Herrera and J. L. Verdegay, Eds. Heidelberg, Germany: Physica-Verlag, 1996, 599 – 611.

[29] A. B. Tickle, R. Andrews, M. Golea, J. Diederich. The truth will come to light: Directions and challenges in extracting the knowledge embedded within trained artificial neural networks[J]. IEEE Trans. Neural Networks, 1998, 9, 1057 – 1068.

[30] H. J. Lu, R. Setiono, H. Liu. Effective data mining using neural networks[J]. IEEE Trans. Knowledge Data Eng., 1996, 8, 957-961.

[31] S. Mitra, Y. Hayashi. Neuro-fuzzy rule generation: Survey in soft computing framework[J]. IEEE Trans. Neural Networks, 2000, 11, 748-768.

[32] T. Mollestad, A. Skowron. A rough set framework for data mining of propositional default rules[J]. Lecture Notes Comput. Sci., 1996, 1079, 448-457.

[33] X. Hu, N. Cercone. Mining knowledge rules from databases: A rough set approach[J]. in Proc. 12th Int. Conf. Data Engineering. Washington, DC, Feb. 1996, 96-105.

[34] A. Skowron. Extracting laws from decision tables—A rough set approach[J]. Comput. Intell., 1995, 11, 371-388.

[35] N. Shan, W. Ziarko. Data-based acquisition and incremental modification of classification rules[J]. Comput. Intell., 1995, 11, 357-370.

[36] Y. Q. Zhang, M. D. Fraser, R. A. Gagliano and A. Kandel, Granular neural networks for numerical-linguistic data fusion and knowldege discovery[J]. IEEE Trans. Neural Networks, 2000, 11, 658-667.

[37] D. A. Chiang, L. R. Chow, Y. F. Wang. Mining time series data by a fuzzy linguistic summary system[J]. Fuzzy Sets Syst. 2000, 112, 419-432.

[38] R. S. T. Lee, J. N. K. Liu. Tropical cyclone identification and tracking system using integrated neural oscillatory leastic graph matching and hybrid RBF network track mining techniques[J]. IEEE Trans. Neural Networks, 2000, 11, 680-689.

[39] W. Pedrycz. Fuzzy set technology in knowledge discovery[J]. Fuzzy Sets Syst., 1998, 98, 279-290.

[40] R. R. Yager. Database discovery using fuzzy sets[J]. Int. J. Intell. Syst., 1996, 11, 691-712.

[41] J. F. Baldwin, Knowledge from data using fuzzy methods[J]. Pattern

Recognition Lett. 1996,17,593-600.

[42] D. Nauck. Using symbolic data in neuro-fuzzy classification[J]. in Proc. NAFIPS 99, New York, June 1999, 536-540.

[43] I. W. Flockhart, N. J. Radcliffe. A genetic algorithm-based approach to data mining[C]. in Proc. 2nd Int. Conf. Knowledge Discovery Data Mining (KDD-96). Portland, OR, Aug. 2-4, 1996, 299.

[44] M. L. Raymer, W. F. Punch, E. D. Goodman, L. A. Kuhn. Genetic programming for improved data mining: An application to the biochemistry of protein interactions[C]. in Proc. 1st Annu. Conf. Genetic Programming 1996, Stanford Univ., CA, July 28-31, 1996, 375-380.

[45] T. Ryu, C. F. Eick. MASSON: Discovering commonalties in collection of objects using genetic programming[C]. in Proc. 1st Annu. Conf. Genetic Programming 1996, Stanford Univ., CA, July 28-31, 1996, 200-208.

[46] A. Teller, M. Veloso, Program evolution for data mining[J]. Int. J. Expert Syst., 1995, 8, 216-236.

[47] S. K. Pal, S. Mitra. Neuro-Fuzzy Pattern Recognition: Methods in Soft Computing[M]. New York: Wiley, 1999.

[48] Z. Pawlak. Rough Sets, Theoretical Aspects of Reasoning about Data[M]. Dordrecht: Kluwer, 1991.

[49] L. Polkowski, A. Skowron. Rough sets in knowledge discovery 1 and 2[M]. Heidelberg. Germany: Physical-Verlag, 1998.

[50] W. Ziarko, N. Shan. KDD-R: A comprehensive system for knowledge discovery in databases using rough sets[J]. in Proc. 3rd Int. Workshop Rough Sets Soft Comput. RSSC'94, 1994, 164-173.

[51] J. W. Grzymala-Busse. LERS-A knowledge discovery system[M]//Polkowski and A. Skowron, Eds. Rough Sets in Knowledge Discovery 2, Applications, Case Studies and Software Systems, L. Heidelberg, Germany: Physica-Verlag, 1998.

[52] J. W. Grzymala-Busse, W. J. Grzymala-Busse and L. K. Goodwin. A closest fit approach to missing attribute values in preterm birth data[J]. in Proc. RSFDGrC'99, Yamaguchi, Japan, 1999, 405-413.

[53] P. Piatetsky-Shapiro, W. J. Frawley. Knowledge Discovery in Databases[M]. Menlo Park, CA: AAAI/MIT Press, 1991.

[54] L. J. Mazlack. Softly focusing on data[M]. in Proc. NAFIPS 99, NewYork, June 1999, 700-704.

[55] A. Koenig. Interactive visualization and analysis of hierarchical neural projections for data mining[J]. IEEE Trans. Neural Networks, 2000, 11(3), 615-624.

[56] A. Maeda, H. Ashida, Y. Taniguchi, Y. Takahashi. Data mining system using fuzzy rule induction[J]. In Proceedings of IEEE International Conference Fuzzy System, FUZZ IEEE 95, Mar. 1995, 45-46.

[57] 白雪峰,倪以信.电力系统动态安全分析综述[J].电网技术,2004,28(16):14-19.

[58] K. R. Niazi, S. L. Surana. A hybrid approach for security evaluation and preventive control of power system[J]. IEEE Power Engineering Society General Meeting, 2007: 341-347.

[59] E. S. Karapidakis, N. D. Hatziargyriou. Online preventive dynamic security of isolated power systems using decision tree[J]. IEEE Transactions on Power Systems, 2002, 17(2): 297-304.

[60] J. A. P. Lopes, M. H. Vasconcelos. On-line dynamic security assessment based on kernel regression tree[J]. IEEE Power Engineering Society Winter Meeting, 2007, 22(4): 1075-1080.

[61] P. S. Karnadsa, U. D. Annakkage, B. A. MacDonald. Dynamic security control using secure regions derived from a decision tree technique[J]. IEEE Power Engineering Society Summer Meeting, 2000, 3:1861-1865.

[62] 郭创新,朱传柏,曹一家等.电力系统故障诊断的研究现状与发展趋势[J].电力系统自动化,2006,30(8):98-103.

[63] 白建社,樊波,黄文华等.基于决策树的变电站故障诊断知识表示与获取[J].电力系统自动化,2004,16(2):5-8.

[64] 孙雅明,廖志伟.基于事件序列数据挖掘原理的高压输电线系统故障诊断[J].电力系统自动化,2004,28(5):20-24.

[65] 赵冬梅,韩月,高曙.电网故障诊断的决策表约简新算法[J].电力系统自动化,2004,28(4):63-66.

[66] 于达仁,胡清华,鲍文.融合粗糙集合模糊聚类的连续数据知识发现[J].中国电机工程学报,2002,24(6):205-210.

[67] 曹一家.并行遗传算法在电力系统经济调度中的应用——迁移策略对算法性能的影响[J].电力系统自动化,2006,26(13):20-24.

[68] C. A. Roa-Sepulveda, M. Herrera, B. Pavez-Lazo, et al. Economic dispatch using fuzzy decision trees[J]. Electric Power Systems Research,2003,66(2):115-122.

[69] 陈海焱,陈金福,段献忠.含风电场电力系统经济调度的模糊建模及优化算法[J].电力系统自动化.2006,30(2):22-26.

[70] S. J. Huang. Enhancement of power system data debugging using GSA-Based data-mining technique[J]. IEEE Transactions on Power Systems,2002,17(4):1022-1029.

[71] 张晓星,程其云,周浈等.基于数据挖掘的电力系统负荷脏数据动态智能清洗[J].电力系统自动化,2005,29(8):60-64.

[72] 吴军基,杨伟,葛成等.基于GSA的肘形判据用于电力系统不良数据辨识[J].中国电机工程学报,2006,26(22):23-28.

[73] 王培红,陈强,董益华等.数据挖掘及其在电厂SIS中的应用[J].电力系统自动化,2004,28(8):76-79.

[74] 朱六璋,袁林,黄太贵.短期负荷预测的实用数据挖掘模型[J].电力系统自动化,2004,28(3):49-52.

[75] 朱六璋.短期负荷预测的组合数据挖掘算法[J].电力系统自动化,2006,30(14):82-86.

[76] 王志勇,郭创新,曹一家. 改进范例推理在短期负荷预测中的应用[J]. 电力系统自动化,2005,29(12):33-37.

[77] 郑刚,岑汗彬. 数据挖掘在电力系统负荷预测中的应用[J]. 水利电力机械,2006,28(1):44-47.

[78] B. D. Pitt, D. S. Kirschen. Application of data mining techniques to load profiling[C]//IEEE Conference on Power Industry Computer Applications, California, USA, 2007, 17(2):131-136.

[79] P. S. Heckbert, M. Garland Survey of polygonal surface simplification algorithms, multi resolution Surface Modeling Course[C]//Proceedings of the 24th International Conference on Computer Graphics and Interactive Techniques, 1997.

[80] J. Hunter, N. McIntosh, Knowledge-based event detection in complex time series data[J]. Artificial Intelligence in Medicine. Springer, 1999, 271-280.

[81] H. Shatkay, S. Zdonik, Approximate queries and representations for large data sequences[C]//Proceedings of the 12th IEEE International Conference on Data Engineering, 1996, 546-553.

[82] S. Park, D. Lee, W. W. Chu. Fast Retrieval of Similar Subsequences in Long Sequence Databases[C]//Proceedings of the 3rd IEEE Knowledge and Data Engineering Exchange Workshop, 1999:60.

[83] V. Lavrenko, M. Schmill, D. Lawrie, et al. Mining of concurrent text and time series[C]//In Proceedings of the 6th International Conference on Knowledge Discovery and Data Mining, 2000, 37-44.

[84] X. Ge, P. Smyth, Segmental semi-Markov models for endpoint detection in plasma etching[J]. IEEE Transaction on Semiconductor Engineering, 2001.

[85] A. Wang, S. Wang. Supporting content based searches on time Series via approximation[C]//Proceedings of the 12th International Conference on Scientific and Statistical Database Management, 2000.

[86] E. Keogh, M. Pazzani. Relevance feedback retrieval of time series data[C]//Proceedings of the 22th Annual International ACM-SIGIR Conference on

Research and Development in Information Retrieval, 1999: 183 – 190.

[87] E. Keogh, S. Chu, D. Hart, M. Pazzani. An Online Algorithm for Segmenting Time Series[C]//Proceedings of IEEE International Conference on Data Mining, 2001: 289 – 296.

[88] U. Ramer. An iterative procedure for the polygonal approximation of planar curves[J]. Computer Graphics and Image Processing, 1972, 1, 244 – 256.

[89] R. O. Duda, P. E. Hart. Pattern classification and scene analysis[M]. New York, Wiley, 1973.

[90] B. K. Yi, C. Faloutsos. Fast time sequence indexing for arbitrary Lp norms [C]. In Proceedings of the 26th Intl Conference on Very Large Databases, 2000, 385 – 394.

[91] B. Chiu, E. Keogh, S. Lonardi. Probabilistic Discovery of Time Series Motifs [C]. In the 9th ACM SIGKDD International Conference on Knowledge Discovery and Data Mining. 2003, 493 – 498.

[92] 朱宏伟,陈立东,长坂研,等. 基于神经网络和相似搜索技术的电力价格钉预测方法[J]. 东北电力大学学报,2006,26(2): 24 – 30.

[93] E. Keogh, M. Pazzani. An enhanced representation of time series which allows fast and accurate classification, clustering and relevance feedback [C]// Proceedings of the 4rd International Conference of Knowledge Discovery and Data Mining, AAAI Press, 1998, 239 – 241.

[94] A. Berndt, J. Clifford, Using dynamic time warping to find patterns in time series[Z]. AAAI – 94 Workshop on Knowledge Discovery in Databases (KDD – 94), Seattle, Washington, 1994.

[95] E. Keogh, M. Pazzani, Relevance feedback retrieval of time series data[C]. In Proceedings of the 22th Annual International ACM – SIGIR Conference on Research and Development in Information Retrieval, 1999: 183 – 190.

[96] L. Rabiner, B. Juang, Fundamentals of speech recognition[M]. Englewood Cliffs, N. J, Prentice Hall, 1994.

[97] H. Sakoe, S. Chiba. Dynamic programming algorithm optimization for spoken word recognition[J]. IEEE Trans. Acoustics, Speech, and Signal Proc., Vol. ASSP-26, 1978.

[98] A. Faloutsos, M. Ranganathan, Y. Manolopoulos. Fast subsequence matching in time-series database[C]//The ACM SIGMOD Conf on Management of Data. Minneapolis, USA: ACM, 1994, 419-429.

[99] D. T. Pham, A. B. Chan. Control Chart Pattern Recognition using a New Type of Self Organizing Neural Network[J]. Proc. Instn, Mech, Engrs, 1998, 212(1), 115-127.

[100] 李德毅,史雪梅,孟海军.隶属云和隶属云发生器[J].计算机研究与发展,1995,42(8):32-41.

[101] D. Li, J. Han, E. Chan, et al. Knowledge representation and discovery based on linguistic atoms[C]//Proc the 1st Pacific Asia Conf KDD&DM, Singapore, Feb, 1997.

[102] 田永青.基于云模型的数据挖掘算法的研究与应用[D].上海:上海交通大学,2003.

[103] Y. Tian, Y. Weng, Z. Zhu. Mining association rules based on cloud model and application in prediction[C]. In Proceedings of the 4th World Congress on Intelligent Control and Automation, Shanghai, China, June 10-14, 2002.

[104] 柴日发,曾文华.定性规则的云表示[J].计算机工程,2002,28(7):161-164.

[105] 张飞舟,范跃祖,孙先仿.基于云模型的导航系统模糊可靠性评测分析[J].自动化学报,2002,28(1),126-130.

[106] 杜鹢,李德毅.基于云的概念划分及其在关联采掘上的应用[J].软件学报,2001,12(2),196-203.

[107] 岳训,孙忠林,张艳琦等.基于云模型的Web日志数据挖掘技术[J].计算机应用研究,2001,11,113-116.

[108] 岳训,李全忠,孙忠林等.定性预测系统的建模方法[J].计算机工程,2001,27(9),97-99.

[109] 李德仁,王树良,李德毅等.论空间数据挖掘和知识发现的理论与方法[J].武汉大学学报(信息科学版),2002,27(3),221-233.

[110] D. Li, D. K. Chang, D. R. Li, et al. Mining association rules with linguistic cloud models[J]. Journal of Software, 2000, 11(2), 143-158.

[111] 邸凯昌,李德毅,李德仁.云理论及其在空间数据发掘和知识发现中的应用[J].中国图像图形学报,1999,4(11),930-935.

[112] 张飞舟,范跃祖,沈程智等.利用云模型实现智能控制倒立摆[J].控制理论与应用,2000,17(4),519-523.

[113] S. Chu, E. Keogh, D. Hart, M. Pazzani. Iterative Deepening Dynamic Time Warping[C]. In Second SIAM International Conference on Data Mining, Arlington, VA, USA, April 11-13, 2002.

[114] E. Keogh, K. Chakrabarti, M. Pazzani, et al. Dimensionality reduction for fast similarity search in large time series databases[J]. Journal of Knowledge and Information Systems. 2000, 3(3), 263-286.

[115] R. Jiang, D. Li. Similarity search based on shape representation in time-series data sets[J]. Journal of computer research & development. 2000, 37(5), 601-608.

[116] D. Li, D. Cheung, X. M. Shi, et al. Uncertainty reasoning based on cloud models in controllers[J]. Computer Math. Applic, 1998, 35(3), 99-123.

[117] 王亚英.基于粗集理论的知识发现方法研究[D].上海:上海交通大学,2001.

[118] 王珏,石纯一.机器学习研究[J].广西师范大学学报(自然科学版),2003,21(2),1-15.

[119] Z. Pawlak, J. Grzymala-Busse, R. Slowinski, et al[J]. Rough Sets. Communication of the ACM, 1995, 38(11), 89-95.

[120] Z. Pawlak. Rough Sets[J]. International Journal of Information and Computer Science, 1982, 11(5), 341-356.

[121] Z. Pawlak, Granularity of Knowledge, Indiscernibility and Rough sets[C]. IEEE Transaction Conference on Fuzzy Systems, 1998, 106-109.

[122] Saori Kawasaki, Ngoc Binh Nguyen, Tu Bao Ho. Hierarchical Document Clustering Based on Tolerance Rough Set Model[C]//In Principle of Data Mining and Knowledge Discovery: 4th European Conference, LNAI 1910, 2000, 458-463.

[123] Holland John H. Adaptation in natural and artificial systems[M]. Michigan: The University of Michigan Press, 1975.

[124] M. Mitchell. An introduction to genetic algorithms [M]. The MIT Press, 1996.

[125] Asuncion A, Newman D J. UCI Machine Learning Repository[EB/OL]. http: //www.ics.uci.edu/~mlearn/MLRepository.html. Irvine, CA: University of California, School of Information and Computer Science, 2007.

[126] D. J. Skyrme, D. M. Amidon. Creating the Knowledge-Based Business[M]. London, Business Intelligence, 1997.

[127] A. Berson, S. Smith. Data Warehouse, Data Mining, and OLAP[M]. New York, McGraw-Hill, 1997.

[128] A. R. Barron, Predicted square error: a criterion for automatic model selection [J], Self-Organizing Methods in Modeling: GMDH Type Algorithms, Marcel Dekker, New York, 1984, 86-104.

[129] R. Sharda, D. M. Steiger, Inductive model analysis systems: enhancing model analysis in decision support systems[J]. Information Systems Research, 1996, 7(3), 328-341.

[130] Devlin, Data Warehouse: From Architecture to Implementation[M]. Addison Wesley Longman, Menlo Park, CA, 1997.

[131] D. M. Steiger. Enhancing user understanding in a decision support system: a theoretical basis and framework [J]. Journal of Management Information Systems, 1998, 15(2), 199-221.

[132] A. Banerjee, A. Corera, et al. C♯ Web services-Building Web Services With [M]. Net Remoting and ASP.Net. Wrox Press Ltd., 2001.

后 记

本书的完成是一项艰苦的系统工程,它包含着许许多多人的支持。当要画上最后一个句号时,感触良多。

令我受益最多是我的导师石来德教授。石老师的悉心指导,使我少走了很多弯路,得以按期完成博士学位论文。在攻读博士学位的期间,老师开阔的胸怀、充沛的精力和废寝忘食的工作精神,虚怀若谷、严谨治学的学者风范,都使我受益无穷。

学术研究是不分国界和地区的,在本书完成之际,尤其要感谢美国加州大学(河滨分校)计算机科学与工程系的 Keogh 博士,他是我学术研究上的良师益友。

在本书成稿的过程中,各位评审专家给予我精心的指导和帮助,使本书内容不断完善;汤兵勇教授、谢富纪教授、李佳川教授、霍佳震教授和尤建新教授对我的指导也使我受益无穷,在此深表感谢。

感谢参考文献中的所有专家、学者,是他们的努力铺就了走向科学高峰的道路。

感谢魏祺先生在平时工作和生活中给予我的关心和支持。

谨以此书献给所有爱我的人!

翁颖钧